INSTANT POT 2022

RICETTE DELIZIOSE E FACILI PER SORPRENDERE I TUOI OSPITI

LUIGI ROSI

Indice

tenero petto di tacchino

Porzioni: 8

Tempo di cottura: 30 minuti

Ingredienti:

- 6 libbre di petto di tacchino
- 1 cucchiaino di timo
- 1 1/2 tazze di brodo di pollo
- 1 cipolla, sbucciata e tagliata a quarti
- 1 costa di sedano, tagliata a pezzi da 1 pollice
- Pepe
- sale

Istruzioni:

1. Versare il brodo di pollo nella pentola istantanea.
2. Aggiungere il sedano, la cipolla e il timo al brodo di pollo.
3. Condire il petto di tacchino con pepe e sale.
4. Metti il treppiede nella pentola istantanea e posiziona il petto di tacchino condito sopra il treppiede.
5. Chiudere la pentola con il coperchio e selezionare manuale e impostare il timer per 30 minuti.
6. Lascia che la pressione si rilasci naturalmente e apri il coperchio.

7. Trasferire il petto di tacchino al momento di servire il piatto.
8. Affettare e servire.

Valori nutrizionali per porzione:

Calorie: 367; Carboidrati: 15,9 g; Proteine: 59,1 g; Grassi: 5,9 g; Zucchero: 12,7 g; Sodio: 3616 mg

petto di tacchino cremoso

Porzioni: 6

Tempo di cottura: 25 minuti

Ingredienti:

- Petto di tacchino disossato da 4 libbre
- 1 1/2 tazze di brodo di pollo
- 2 cucchiai di composto di cipolle
- 1 tazza di sedano, a cubetti

Istruzioni:

1. Versare il brodo di pollo nella pentola istantanea.
2. Aggiungere il sedano al brodo. Metti il treppiede nella pentola istantanea.
3. Mettere il petto di tacchino sul treppiede e cospargere il composto di zuppa di cipolle sul petto di tacchino.
4. Chiudere la padella con un coperchio e cuocere ad alta pressione per 25 minuti.
5. Lascia che la pressione si rilasci naturalmente e apri il coperchio.
6. Servire e gustare.

Valori nutrizionali per porzione:

Calorie: 332; Carboidrati: 14,8 g; Proteine: 53 g; Grassi: 5,4 g; Zucchero: 11,7 g; Sodio: 3554 mg

zuppa di salmone

Porzioni: 4

Tempo di cottura: 8 minuti

Ingredienti:

- 1 kg di salmone congelato
- 1 lattina di mais
- 1 patata, a cubetti
- 2 tazze metà e metà
- 4 tazze di brodo vegetale
- 2 spicchi d'aglio, tritati
- 2 cucchiai di burro
- 2 gambi di sedano, tritati
- 1 cipolla piccola, tritata

Istruzioni:

1. Aggiungere il burro nella padella istantanea e selezionare il soffritto.
2. Aggiungere la cipolla e l'aglio nella padella e far rosolare per 3 minuti.
3. Aggiungere gli altri ingredienti tranne metà e metà e mescolare bene.
4. Chiudete la padella con un coperchio e cuocete ad alta pressione per 5 minuti.

5. Lascia che la pressione si rilasci naturalmente e apri il coperchio.
6. Aggiungere metà e metà e mescolare bene.
7. Servire e gustare.

Valori nutrizionali per porzione:

Calorie: 559; Carboidrati: 23,6 g; Proteine: 36,4 g; Grassi: 35 g; Zucchero: 3,3 g; Sodio: 1056 mg

frutti di mare con salsiccia

Porzioni: 6

Tempo di cottura: 5 minuti

Ingredienti:

- 1/2 tazza di prezzemolo tritato
- 1 kg di gamberi surgelati
- 1 1/2 tazze di salsiccia, affettata
- 3 spighe di grano, tagliate a terzi
- 1 limone, spicchi
- 2 tazze di brodo di pollo
- 1 cucchiaio di condimento all'antica foglia di alloro
- 6 patate piccole, tagliate a dadini
- 4 spicchi d'aglio, tritati
- 1 cipolla grande, tritata

Istruzioni:

1. Aggiungi tutti gli ingredienti nella pentola istantanea.
2. Chiudere la pentola con un coperchio e cuocere a pressione manuale per 5 minuti.
3. Rilasciare la pressione utilizzando il metodo di rilascio rapido, quindi aprire il coperchio.
4. Servire e gustare.

Valori nutrizionali per porzione:

Calorie: 331; Carboidrati: 50,6 g; Proteine: 24,6 g; Grassi: 4,3 g; Zucchero: 6,1 g; Sodio: 812 mg

tonno e olive

- Tempo di preparazione: 5 minuti
- Tempo di cottura: 8 minuti
- Porzioni: 4

Ingredienti:

- 14 once di tonno in scatola, sgocciolato
- 1 tazza di olive nere denocciolate
- 1 tazza di salsa di pomodoro
- Un pizzico di sale e pepe nero
- 1 cucchiaio di erba cipollina, tritata

Istruzioni:

1. Nella vostra pentola istantanea, mescolate il tonno con il resto degli ingredienti, mettete il coperchio e fate cuocere a fuoco vivo per 8 minuti.
2. Rilasciare velocemente la pressione per 5 minuti, dividere il composto nelle ciotole e servire.

Valori nutrizionali per porzione: 200 calorie, 9 grassi, 3 fibre, 7 carboidrati, 10 proteine

Trota curcuma e citronella

Tempo di preparazione: 5 minuti

Tempo di cottura: 8 minuti

Porzioni: 4

Ingredienti:

- 4 filetti di trota disossati
- 3 spicchi d'aglio, tritati
- 2 scalogni tritati
- 1 cucchiaino di curcuma in polvere
- 1 cucchiaio di pasta di peperoncino
- 2 gambi di citronella, tritati
- 1 cucchiaio di zenzero, grattugiato
- 2 cucchiai di olio d'oliva
- 1 cucchiaio e ½ di salsa di pomodoro

Istruzioni:

1. In un frullatore, unire la citronella con lo zenzero, la pasta di peperoncino, l'aglio, la curcuma e l'erba cipollina e frullare bene.
2. Mettere la pentola istantanea in modalità Sauté, aggiungere l'olio, scaldare, aggiungere il composto di citronella e curcuma e cuocere per 1 minuto.

3. Aggiungere il pesce e la salsa di pomodoro, mescolare delicatamente, mettere il coperchio e cuocere a fuoco vivo per 7 minuti.
4. Rilasciare velocemente la pressione per 5 minuti, dividere il composto nei piatti e servire.

Valori nutrizionali per porzione: 211 calorie, 13 grassi, 4 fibre, 7 carboidrati, 10 proteine

Sgombro allo zenzero

Tempo di preparazione: 10 minuti

Tempo di cottura: 15 minuti

Porzioni: 4

Ingredienti:

- 2 chili di sgombro, tagliato a pezzi
- 1 tazza di salsa di pomodoro
- 2 spicchi d'aglio, tritati
- 1 scalogno, affettato
- 2 cucchiai di zenzero grattugiato
- 1 cipolla dolce, affettata sottilmente
- 1 cucchiaio di aceto balsamico
- Un pizzico di sale e pepe nero
- 1 cucchiaio di prezzemolo tritato

Istruzioni:

1. Metti la tua pentola istantanea in modalità Sauté, aggiungi lo sgombro, la salsa di pomodoro e il resto degli ingredienti tranne il prezzemolo, copri e cuoci a bassa per 15 minuti.
2. Rilasciare naturalmente la pressione per 10 minuti, dividere il composto in ciotole, cospargere di prezzemolo e servire.

Valori nutrizionali per porzione: 220 calorie, 12 grassi, 3 fibre, 6 carboidrati, 13 proteine

trota erba cipollina

Tempo di preparazione: 5 minuti

Tempo di cottura: 12 minuti

Porzioni: 4

Ingredienti:

- 4 filetti di trota disossati
- Succo e scorza di 1 limone
- 2 cucchiai di erba cipollina, tritata
- Un pizzico di sale e pepe nero
- 1 cucchiaio di olio d'oliva
- 1 scalogno, tritato

Istruzioni:

1. Mettere la pentola istantanea in modalità Sauté, aggiungere l'olio, scaldare, aggiungere lo scalogno e cuocere per 2 minuti.
2. Aggiungere la trota e il resto degli ingredienti, mettere il coperchio e cuocere a fuoco alto per 10 minuti.
3. Rilasciare velocemente la pressione per 5 minuti, dividere il composto nei piatti e servire.

Valori nutrizionali per porzione: 200 calorie, 12 grassi, 3 fibre, 6 carboidrati, 11 proteine

Gamberi e Spinaci

Tempo di preparazione: 5 minuti

Tempo di cottura: 6 minuti

Porzioni: 4

Ingredienti:

- 2 libbre di gamberetti, sbucciati e puliti
- 1 tazza di ravanelli, a cubetti
- 1 cipolla bianca, tritata
- 1 libbra di spinaci per bambini
- ½ tazza di brodo di pollo
- 2 spicchi d'aglio, tritati
- 1 cucchiaio di olio d'oliva

Istruzioni:

1. Mettere la pentola istantanea in modalità Sauté, aggiungere l'olio, scaldare, aggiungere la cipolla e l'aglio e cuocere per 1 minuto.
2. Aggiungere i gamberi e il resto degli ingredienti, mettere il coperchio e cuocere a fuoco vivo per 5 minuti.
3. Rilasciare velocemente la pressione per 5 minuti, dividere il composto nelle ciotole e servire.

Valori nutrizionali per porzione: 182 calorie, 10 grassi, 2 fibre, 5 carboidrati, 6 proteine

Miscela di branzino e ravanello

Tempo di preparazione: 10 minuti

Tempo di cottura: 12 minuti

Porzioni: 4

Ingredienti:

- 2 tazze di pomodori in scatola, schiacciati
- 1 cipolla rossa, tritata
- 2 peperoncini, tritati
- 2 cucchiai di olio di avocado
- ¼ tazza di aceto balsamico
- 1 libbra di filetto di branzino, disossato, senza pelle e tagliato a cubetti
- 1 tazza di ravanelli, a cubetti
- 2 cucchiaini di peperoncino in scaglie
- Un pizzico di sale e pepe nero
- ½ tazza di basilico, tritato

Istruzioni:

1. Metti la tua pentola istantanea in modalità Sauté, aggiungi l'olio, scalda, aggiungi la cipolla, i fiocchi di peperoncino e il pepe, mescola e cuoci per 2 minuti.
2. Aggiungere il branzino e il resto degli ingredienti, tranne il basilico, mettere il coperchio e cuocere a fuoco vivo per 10 minuti.

3. Rilasciare la pressione in modo naturale per 10 minuti, dividere il composto di branzino nei piatti, cospargere con il basilico e servire.

Valori nutrizionali per porzione: 192 calorie, 11 grassi, 3 fibre, 6 carboidrati, 9 proteine

cozze all'origano

Tempo di preparazione: 10 minuti

Tempo di cottura: 5 minuti

Porzioni: 4

Ingredienti:

- 2 chili di cozze, pulite e strofinate
- 2 cucchiai di olio di avocado
- 1 scalogno, tritato
- ½ cucchiaino di peperoncino in scaglie
- 14 once di pomodori, tritati
- 2 cucchiaini di aglio, tritato
- 2 cucchiai di origano, tritato

Istruzioni:

1. Metti la tua pentola istantanea in modalità Sauté, aggiungi l'olio, scalda, aggiungi lo scalogno, l'aglio e i fiocchi di pepe, mescola e cuoci per 2 minuti.
2. Aggiungere le cozze e il resto degli ingredienti, mettere il coperchio e cuocere a fuoco vivo per 6 minuti.
3. Rilasciare la pressione naturalmente per 10 minuti, dividere il composto di cozze nelle ciotole e servire.

Valori nutrizionali per porzione: 132 calorie, 5 grassi, 3 fibre, 6 carboidrati, 6 proteine

Gamberi e Olive

Tempo di preparazione: 5 minuti

Tempo di cottura: 6 minuti

Porzioni: 4

Ingredienti:

- 1 ½ libbra di gamberetti, sbucciati e puliti
- 1 tazza di olive kalamata, snocciolate
- ½ tazza di olive nere denocciolate
- 2 erba cipollina, tritata
- 1 cucchiaio di olio d'oliva
- 1 cipolla gialla, tritata
- 1 tazza e ½ di passata di pomodoro
- 1 cucchiaio di paprika dolce

Istruzioni:

1. Metti la tua pentola istantanea in modalità Sauté, aggiungi l'olio, scalda, aggiungi i cipollotti gialli e primaverili, mescola e cuoci per 2 minuti.
2. Aggiungere i gamberi e il resto degli ingredienti, mettere il coperchio e cuocere a fuoco vivo per 4 minuti.
3. Rilasciare velocemente la pressione per 5 minuti, dividere il tutto nelle ciotole e servire.

Valori nutrizionali per porzione: 162 calorie, 6 grassi, 1 fibra, 6 carboidrati, 8 proteine

Insalata calda di gamberi e tilapia

Tempo di preparazione: 10 minuti

Tempo di cottura: 8 minuti

Porzioni: 4

Ingredienti:

- 1 ½ chilo di gamberi grandi, sbucciati e puliti
- 1 e ½ chilo di filetto di tilapia, disossato, senza pelle e tagliato a cubetti
- 2 cipolle rosse, tritate
- 1 cucchiaio di olio di avocado
- 3 spicchi d'aglio, tritati
- ½ tazza di basilico, tritato
- 20 once di pomodori in scatola, tritati
- ½ cucchiaino di maggiorana, essiccata
- Un pizzico di sale e pepe nero
- 1 tazza e ½ di spinaci per bambini

Istruzioni:

1. Metti la tua pentola istantanea in modalità Sauté, aggiungi l'olio, scalda, aggiungi l'aglio e la cipolla, mescola e fai rosolare per 2 minuti.

2. Aggiungere i gamberi, il pesce e il resto degli ingredienti, mettere il coperchio e cuocere a fuoco vivo per 6 minuti.
3. Rilasciare naturalmente la pressione per 10 minuti, dividere l'insalata in ciotole e servire calda.

Valori nutrizionali per porzione: 200 calorie, 14 grassi, 3 fibre, 8 carboidrati, 10 proteine

Cozze e patate dolci

Tempo di preparazione: 10 minuti

Tempo di cottura: 15 minuti

Porzioni: 4

Ingredienti:

- 30 cozze, pulite e strofinate
- 1 libbra di patata dolce, sbucciata e tagliata a dadini
- 1 cipolla gialla, tritata
- 10 once di salsa di pomodoro
- 2 cucchiai di prezzemolo tritato
- 1 cucchiaio di olio d'oliva
- 1 cucchiaio di succo di limone

Istruzioni:

1. Metti la tua pentola istantanea in modalità Sauté, aggiungi l'olio, scalda, aggiungi la cipolla e fai rosolare per 2 minuti.
2. Aggiungere le cozze e il resto degli ingredienti, mettere il coperchio e cuocere a fuoco vivo per 12 minuti.
3. Rilasciare la pressione naturalmente per 10 minuti, dividere il composto nei piatti e servire.

Valori nutrizionali per porzione: 200 calorie, 12 grassi, 3 fibre, 7 carboidrati, 10 proteine

Salsa Di Tonno E Gamberi

Tempo di preparazione: 10 minuti

Tempo di cottura: 15 minuti

Porzioni: 4

Ingredienti:

- 1 cucchiaio di olio d'oliva
- 1 libbra di gamberetti, sbucciati e puliti
- 2 filetti di tonno, disossati, senza pelle e tagliati a cubetti
- 3 spicchi d'aglio, tritati
- ¼ tazza di prezzemolo tritato
- ¼ tazza di passata di pomodoro
- 1 cucchiaio di succo di limone

Istruzioni:

1. Mettere la pentola istantanea in modalità Sauté, aggiungere l'olio, scaldare, aggiungere l'aglio e cuocere per 1 minuto.
2. Aggiungere i gamberi, il tonno e il resto degli ingredienti, mettere il coperchio e cuocere a fuoco basso per 15 minuti.
3. Rilasciare la pressione naturalmente per 10 minuti, dividere il composto nelle ciotole e servire.

Valori nutrizionali per porzione: 199 calorie, 7 grassi, 4 fibre, 7 carboidrati, 12 proteine

Mix di gamberi e sedano

Tempo di preparazione: 5 minuti

Tempo di cottura: 6 minuti

Porzioni: 4

Ingredienti:

- 1 ½ chilo di gamberi, sbucciati e puliti
- 2 gambi di sedano, tritati grossolanamente
- ½ tazza di brodo di pollo
- 1 cucchiaio di succo di limone
- 1 cucchiaio di paprika dolce

Istruzioni:

1. Nella vostra pentola istantanea, unire i gamberi e il sedano con il resto degli ingredienti, mettere il coperchio e cuocere a fuoco vivo per 6 minuti.
2. Rilasciare velocemente la pressione per 5 minuti, dividere nelle ciotole e servire.

Valori nutrizionali per porzione: 172 calorie, 11 grassi, 4 fibre, 7 carboidrati, 9 proteine

Insalata di avocado e salmone

Tempo di preparazione: 5 minuti

Tempo di cottura: 6 minuti

Porzioni: 4

Ingredienti:

- Filetti di salmone da 1 libbra e ½, disossati, senza pelle e tagliati a cubetti
- 2 cucchiai di olio d'oliva
- 1 tazza di scalogno, tritato
- 2 cucchiai di prezzemolo tritato
- 4 spicchi d'aglio, tritati
- 2 cucchiaini di paprika piccante
- ½ tazza di brodo di pollo
- 1 tazza di salsa di pomodoro
- 1 cucchiaino di salvia, tritata
- 2 avocado, sbucciati, snocciolati e tagliati a dadini
- Un pizzico di sale e pepe nero

Istruzioni:

1. Metti la tua pentola istantanea in modalità Sauté, aggiungi l'olio, scalda, aggiungi lo scalogno e l'aglio e fai rosolare per 2 minuti.

2. Aggiungere il salmone e il resto degli ingredienti, mettere il coperchio e cuocere a fuoco vivo per 4 minuti.
3. Rilasciare velocemente la pressione per 5 minuti, dividere il tutto nelle ciotole e servire.

Valori nutrizionali per porzione: 200 calorie, 12 grassi, 2 fibre, 6 carboidrati, 11 proteine

Mix di trota e broccoli

Tempo di preparazione: 10 minuti

Tempo di cottura: 12 minuti

Porzioni: 4

Ingredienti:

- 1 libbra di filetto di trota disossato
- 2 tazze di cimette di broccoli
- ½ tazza di pomodoro, tagliato a dadini
- 2 cucchiai di olio d'oliva
- Un pizzico di sale e pepe nero
- 2 cucchiai di basilico, tritato
- Un pizzico di peperoncino, tritato
- Succo di 1 lime
- 1 tazza e ¼ di brodo di pollo

Istruzioni:

1. Nella vostra pentola istantanea, mescolate la trota con i broccoli e il resto degli ingredienti, mettete il coperchio e fate cuocere a fuoco vivo per 12 minuti.
2. Rilasciare naturalmente la pressione per 10 minuti, dividere il tutto nei piatti e servire.

Valori nutrizionali per porzione: 211 calorie, 14 grassi, 3 fibre, 6 fibre, 11 carboidrati

gamberi e mais

Tempo di preparazione: 10 minuti

Tempo di cottura: 10 minuti

Porzioni: 4

Ingredienti:

- 1 ½ chilo di gamberi, sbucciati e puliti
- 8 once di mais
- 1 cucchiaio di condimento all'antica foglia di alloro
- 1 tazza e ½ di passata di pomodoro
- Un pizzico di sale e pepe nero
- 2 cipolle dolci, tagliate a spicchi
- 1 cucchiaio di prezzemolo tritato

Istruzioni:

1. Nella pentola istantanea, mescolare i gamberi con il mais e il resto degli ingredienti, tranne il prezzemolo, mettere il coperchio e cuocere a fuoco basso per 10 minuti.
2. Rilasciare naturalmente la pressione per 10 minuti, dividere il composto in ciotole e servire con il prezzemolo spolverato sopra.

Valori nutrizionali per porzione: 200 calorie, 11 grassi, 2 fibre, 6 carboidrati, 8 proteine

Salmone al cardamomo e peperoncino

Tempo di preparazione: 10 minuti

Tempo di cottura: 12 minuti

Porzioni: 4

Ingredienti:

- 4 filetti di salmone disossati e tagliati a cubetti
- 3 baccelli di cardamomo
- 2 cipolle rosse, tagliate grossolanamente
- 1 peperone rosso, tritato
- 3 peperoni verdi, tritati
- 1 cucchiaio di pasta all'aglio
- 4 pomodori, tritati
- Un pizzico di sale e pepe nero
- ½ tazza di crema di cocco

Istruzioni:

1. In un frullatore, mescolare il cardamomo con i peperoni, la pasta d'aglio, il pomodoro, il sale e il pepe e frullare bene.
2. Mettere la pentola istantanea in modalità Sauté, aggiungere il composto di peperoni, scaldare, aggiungere il salmone, le cipolle e la panna, mettere il coperchio e cuocere su High per 12 minuti.

3. Rilasciare la pressione naturalmente per 10 minuti, dividere il composto nelle ciotole e servire.

Valori nutrizionali per porzione: 224 calorie, 13 grassi, 3 fibre, 7 carboidrati, 11 proteine

Code di astice istantanee

Tempo di preparazione: 25 MIN

Servizio: 4

Ingredienti:

- 1 tazza d'acqua
- ¼ tazza di burro, fuso
- ½ bicchiere di vino bianco
- 4 code di aragosta

Istruzioni:

1. Lavate le code di astice e tagliatele a metà.
2. Mettere nel cestello per la cottura a vapore.
3. Versare l'acqua e il vino bianco nella Instant Pot e abbassare il cestello.
4. Chiudere il coperchio e impostare su MANUAL.
5. Cuocere a BASSO per 4 minuti.
6. Lascia che la pressione scenda naturalmente.
7. Adagiate su un piatto da portata e irrorate con il burro fuso.
8. Servite e buon appetito!

Valori nutrizionali per porzione:

Calorie 190

Grassi totali 12 g

0 g di carboidrati netti

19 g di proteine

Fibra: 0 g

Mayo Eglefino

Tempo di preparazione: 15 MIN

Servizio: 4

Ingredienti:

- 1 libbra di eglefino
- 2 cucchiai. Maionese
- ½ tazza di brodo vegetale
- 2 cucchiai. Succo di limone
- 1 cucchiaio di aneto tritato
- 1 cucchiaino di olio d'oliva
- ¼ cucchiaino di condimento Old Bay

Istruzioni:

1. Mescolare il brodo, il succo di limone, l'aneto, l'olio, il condimento e la maionese, nel IP.
2. Aggiungere l'eglefino e chiudere il coperchio.
3. Impostare l'IP su MANUALE.
4. Cuocere in ALTO per 7 minuti.
5. Rilasciare rapidamente la pressione.
6. Servite e buon appetito!

Valori nutrizionali per porzione:

Calorie 165

Grassi totali 12 g

4 g di carboidrati netti

14 g di proteine

Fibra: 1 g

Spaghetti di zucca con gamberi e asparagi

Tempo di preparazione: 30 MIN

Servizio: 4

Ingredienti:

- 2 tazze d'acqua
- 2 cucchiaini di aglio tritato
- 1 tazza di crema al cocco
- 2 cucchiai. Olio d'oliva
- 2 cucchiai di origano
- 1 cucchiaino di peperoncino in scaglie
- 1 cipolla tritata
- 8 once di funghi, affettati
- 1 tazza di parmigiano grattugiato
- ¼ tazza di burro chiarificato
- 1 spaghetti alla zucca. Metà
- 1 libbra di gamberetti, sbucciati e puliti
- 1 mazzetto di asparagi tritati

Istruzioni:

1. Versare l'acqua nel IP e aggiungere gli spaghetti al cestello per la cottura a vapore.
2. Abbassare il cestello e chiudere il coperchio.
3. Cuocere per 10 minuti in ALTO.

4. Fate raffreddare e raschiate la fiamma con la forchetta per fare gli spaghetti.
5. Eliminare il liquido di cottura e sciogliere il ghee insieme all'olio nel IP.
6. Aggiungere gli asparagi, la zucca, le spezie e cuocere per qualche minuto.
7. Aggiungere i gamberi, l'aglio, il parmigiano e la crema di cocco.
8. Mescolate per amalgamare e chiudete il coperchio.
9. Cuocere in ALTO per 4 minuti.
10. Rilasciare rapidamente la pressione.
11. Servite e buon appetito!

Valori nutrizionali per porzione:

Calorie 465

Grassi totali 7g

5 g di carboidrati netti

30 g di proteine

Fibra: 2 g

Merluzzo al latte di cocco

Tempo di preparazione: 20 MIN

Servizio: 4

Ingredienti:

- Filetti di merluzzo da 1 kg
- 3 cucchiai. Farina di mandorle
- 1 cucchiaio. scorza di limone
- 1 cucchiaino di aglio tritato
- 1 cucchiaio. Burro
- 2 cucchiai. Salsa di soia
- ¼ tazza di salsa di pesce
- 1/2 tazza di latte di cocco

Istruzioni:

1. Tritare il merluzzo e inserirlo nell'IP.
2. Aggiungere l'ingrediente rimanente e mescolare per amalgamare.
3. Impostare l'IP su SAUTE e chiudere il coperchio.
4. Lasciar cuocere in SALDO con il coperchio, per circa 10 minuti.
5. Aprire il coperchio e cuocere per altri 3 minuti.
6. Servite e buon appetito!

Valori nutrizionali per porzione:

calorie 260

Grassi totali 14 g

Carboidrati netti 6,1 g

24 g di proteine

Fibra: 1 g

Pesce gatto alle erbe

Tempo di preparazione: 20 MIN

Servizio: 4

Ingredienti:

- 14 once di filetti di pesce gatto
- 1 cucchiaio. Olio d'oliva
- 1 cucchiaino di prezzemolo tritato
- ¼ tazza di timo fresco
- 1 cucchiaino di aneto
- ¼ tazza d'acqua
- ½ tazza di brodo di pesce
- 2 cucchiai. Salsa di soia
- 2 cucchiaini di aglio tritato
- 1 cucchiaio di sale

Istruzioni:

1. Tritare il pesce e metterlo nell'IP.
2. Aggiungere gli altri ingredienti e mescolare per unire.
3. Impostare l'IP su MANUAL e chiudere il coperchio.
4. Cuocere in ALTO per 5 minuti.
5. Premi ANNULLA ed esegui un rapido rilascio della pressione.
6. Mettere su SAUTE e cuocere per un altro 1 minuto con il coperchio aperto.

7. Servite e buon appetito!

Valori nutrizionali per porzione:

calorie 160

Grassi totali 10 g

Carboidrati netti 2,4 g

18 g di proteine

Fibra: 0 g

ostriche da festa

Tempo di preparazione: 15 MIN

Servizio: 6

Ingredienti:

- 1 tazza d'acqua
- 36 ostriche
- 6 cucchiai burro fuso

Istruzioni:

1. Pulite bene le ostriche e passatele nella Instant Pot.
2. Versare l'acqua e chiudere il coperchio.
3. Cuocere in ALTO per 3 minuti.
4. Fai un rilascio di pressione naturale.
5. Trasferite su un piatto da portata e irrorate con il burro fuso.
6. Servite e buon appetito!

Valori nutrizionali per porzione:

Calorie 145

Grassi totali 12 g

1 g di carboidrati netti

13 g di proteine

Fibra: 0 g

Salmone e limone caldi

Tempo di preparazione: 10 MIN

Servizio: 4

Ingredienti:

- 1 limone, affettato
- 1 succo di limone
- 2 cucchiai. peperoni tritati
- ¼ cucchiaino di sale
- ¼ cucchiaino di pepe
- 4 filetti di salmone
- 1 ½ bicchieri d'acqua

Istruzioni:

1. Versa dell'acqua nel tuo IP.
2. Disporre il salmone sulla griglia.
3. Cospargete di sale e pepe e irrorate con il succo di limone.
4. Guarnire con pepe e poi con fettine di limone.
5. Chiudere il coperchio e selezionare MANUALE.
6. Cuocere in ALTO per 4 minuti.
7. Fai un rapido rilascio della pressione.
8. Servite e buon appetito!

Valori nutrizionali per porzione:

Calorie 180

Grassi totali 8 g

3 g di carboidrati netti

25 g di proteine

Fibra: 0 g

Sformato di gamberi e pomodoro

Tempo di preparazione: 30 MIN

Servizio: 4

Ingredienti:

- 1 ½ kg di gamberi, sbucciati e puliti
- 1 ½ kg di pomodori a pezzetti
- 2 cucchiai. Olio d'oliva
- ½ tazza di brodo vegetale
- ¼ tazza di coriandolo tritato
- 2 cucchiai. Limonata
- 1 Jalapeño, a cubetti
- 1 Cipolla, tagliata a cubetti
- 1 tazza di formaggio cheddar grattugiato
- 1 cucchiaino di aglio tritato

Istruzioni:

1. Scaldare l'olio nella pentola istantanea su SAUTE.
2. Aggiungere la cipolla e cuocere per 3 minuti.
3. Aggiungere l'aglio e soffriggere per altri 30-60 secondi.
4. Aggiungere il brodo, il coriandolo e i pomodori.
5. Chiudere il coperchio e cuocere ad ALTO per 9 minuti.
6. Fai un rilascio di pressione naturale.
7. Aggiungere i gamberi e cuocere ad ALTO per altri 2 minuti.

8. Rilasciare rapidamente la pressione e unire il cheddar,
9. Servite e buon appetito!

Valori nutrizionali per porzione:

Calorie 300

Grassi totali 16 g

8 g di carboidrati netti

22 g di proteine

Fibra: 2 g

Cosce di granchio con burro all'aglio

Tempo di preparazione: 10 MIN

Servizio: 4

Ingredienti:

- 1/3 tazza di burro
- 2 cucchiaini di aglio tritato
- 1 ½ bicchieri d'acqua
- 3 libbre di zampe di granchio
- 1 cucchiaino di olio d'oliva

Istruzioni:

1. Versare l'acqua nell'IP e abbassare il cestello per la cottura a vapore.
2. Metti le cosce di granchio nel cestello e chiudi il coperchio.
3. Cuocere a VAPORE per 4 minuti.
4. Fai un rapido rilascio della pressione e trasferisci le cosce di granchio su un piatto da portata.
5. Eliminate l'acqua di cottura e aggiungete l'olio e il burro.
6. Quando il burro si sarà sciolto, aggiungete l'aglio e fate cuocere per 1 minuto.
7. Spennellate le cosce di granchio con il burro all'aglio.

Valori nutrizionali per porzione:

Calorie 300

Grassi totali 9 g

2 g di carboidrati netti

35 g di proteine

Fibra: 0 g

Gamberetti al limone e aglio

Tempo di preparazione: 10 MIN

Servizio: 4

Ingredienti:

- 2 cucchiai. aglio tritato
- 2 cucchiai. Olio d'oliva
- 2 cucchiai. scorza di limone
- 2 cucchiai. Succo di limone
- 1 cucchiaio. boh
- 1 chilo di gamberi
- 2/3 tazza di brodo di pesce
- Sale e pepe a piacere

Istruzioni:

1. Sciogliere il burro chiarificato con l'olio nella tua pentola istantanea in SALDO.
2. Aggiungere gli altri ingredienti e mescolare per unire.
3. Chiudere il coperchio e cuocere ad ALTO per 3 minuti.
4. Scolare i gamberi.
5. Servite e buon appetito!

Valori nutrizionali per porzione:

calorie 160

Grassi totali 2g

2 g di carboidrati netti

18 g di proteine

Fibra: 0 g

pesce pho

Tempo di preparazione: 40 MIN

Servizio: 6

Ingredienti:

- **4 once di salmone, tritato**
- 7 once di calamari, tritati
- 5 tazze d'acqua
- 1 cucchiaino di aglio tritato, affettato
- 1 tazza di tagliatelle di zucchine
- ¼ tazza di salsa di soia
- 1 cucchiaio. sale
- ½ tazza di aneto
- 1 peperoncino jalapeno, affettato
- 1 cucchiaino di peperoncino in scaglie
- ½ cucchiaio. Coriandolo
- 5 once di cavolo cinese

Istruzioni:

1. Nel tuo I, mescola l'acqua, l'aneto, la salsa di soia, il sale, i fiocchi di pepe e il coriandolo.
2. Mettilo su SAUTE e chiudi il coperchio.
3. Dopo 10 minuti, filtrate il composto e rimettete il liquido nella padella.

4. Mescolare il pesce, l'aglio, il cavolo cinese, il jalapeño e le tagliatelle.
5. Chiudere il coperchio e cuocere ad ALTA per 6 minuti.
6. Fai un rilascio di pressione naturale
7. Servite e buon appetito!

Valori nutrizionali per porzione:

calorie 140

Grassi totali 5 g

3 g di carboidrati netti

12 g di proteine

Fibra: 1 g

insalata di sgombri

Tempo di preparazione: 25 MIN

Servizio: 6

Ingredienti:

- 2 tazze di lattuga tritata
- 8 once di sgombro
- 1 tazza di brodo di pesce
- ¼ cucchiaino di sale
- ¼ cucchiaino di pepe
- 1 cetriolo grande, affettato
- 1 ½ tazza di pomodori tritati
- 1 Cipolla Rossa, affettata
- 1 spicchio d'aglio, tritato
- 1 cucchiaio di origano
- 1 cucchiaio. Olio d'oliva
- 1 cucchiaio. Succo di limone

Istruzioni:

1. Condire lo sgombro con sale e pepe e metterlo nell'IP nel cestello per la cottura a vapore.
2. Versare il brodo nell'IP e abbassare il cestello.
3. Chiudere il coperchio e cuocere ad ALTO per 5 minuti.
4. Fai un rapido rilascio della pressione.
5. Tritare e lasciare raffreddare.

6. Unire tutte le verdure in una ciotola capiente e ricoprire con i pezzi di sgombro.
7. Condire con olio d'oliva e succo di limone.
8. Servite e buon appetito!

Valori nutrizionali per porzione:

calorie 140

Grassi totali 7g

4 g di carboidrati netti

12 g di proteine

Fibra: 1 g

Acciughe al peperoncino

Tempo di preparazione: 25 MIN

Servizio: 2

Ingredienti:

- 10 once di acciughe
- 1 cucchiaino di peperoncino in scaglie
- 1 peperone rosso, affettato
- 1 cucchiaio. Basilico
- 1/3 tazza di mandorle tritate
- 1 cucchiaino di aneto
- 4 cucchiai Burro
- ½ cucchiaino di paprika
- Sale e pepe a piacere

Istruzioni:

1. Sciogliere il burro nell'IP in SALDO.
2. Unire il peperoncino e tutte le spezie in una ciotola.
3. Unite le acciughe e coprite bene.
4. Aggiungere l'acciuga nella Instant Pot e cuocere per 4-5 minuti per lato.
5. Scolare su carta assorbente.
6. Servite e buon appetito!

Valori nutrizionali per porzione:

Calorie 350

Grassi totali 25 g

Carboidrati netti 3,1 g

28 g di proteine

Fibra: 0,3 g

Calamari in salsa di pesce

Tempo di preparazione: 20 MIN

Servizio: 4

Ingredienti:

- 1 libbra di calamari
- 1 cucchiaio. aglio tritato
- 3 cucchiai. salsa di pesce
- 1 cucchiaio di sale
- 2 cucchiai. Burro fuso
- 1 cucchiaio di pepe bianco
- 1 cucchiaio. Succo di limone
- 1 cucchiaino di cipolla in polvere
- ¼ cucchiaino di peperoncino in polvere
- 1 cucchiaio. Scalogno
- 1 ½ bicchieri d'acqua

Istruzioni:

1. Versare l'acqua nell'IP e abbassare il treppiede.
2. In una teglia, mescolate tutti gli altri ingredienti.
3. Mescolare per ricoprire bene.
4. Mettere il piatto sull'IP e chiudere il coperchio.
5. Cuocere in CARNE/STUFATO per 13 minuti.
6. Fai un rapido rilascio della pressione.
7. Servite e buon appetito!

Valori nutrizionali per porzione:

Calorie 180

Grassi totali 7g

3 g di carboidrati netti

15 g di proteine

Fibra: 0 g

Salmone in salsa di limone

Tempo di preparazione: 10 MIN

Servizio: 4

Ingredienti:

- 4 filetti di salmone
- 1 cucchiaio. Olio d'oliva
- 1 cucchiaio. Dolcificante
- 1 cucchiaio di paprika
- 1 cucchiaio. Acqua calda
- succo di 2 limoni
- ½ cucchiaino di cumino
- 1 cucchiaio. Prezzemolo tritato
- 1 tazza d'acqua

Istruzioni:

1. Versa l'acqua nella pentola istantanea.
2. Disporre il salmone sulla griglia e chiudere il coperchio.
3. Cuocere ad ALTO per minuti.
4. Fai un rapido rilascio della pressione.
5. Eliminate il liquido di cottura e rimettete in padella il salmone.
6. Mescolare gli altri ingredienti e versare sopra.
7. Cuocere in frigo per 2 minuti.
8. Servite e buon appetito!

Valori nutrizionali per porzione:

Calorie 493

Grassi totali 31,5 g

2 g di carboidrati netti

Proteine 46 g

Fibra: 0,3 g

Vongole al vino bianco

Tempo di preparazione: 15 MIN

Servizio: 4

Ingredienti:

- 2 tazze di brodo vegetale
- ¼ bicchiere di vino bianco
- 2 cucchiaini di aglio tritato
- 2 cucchiai. Succo di limone
- 2 ½ libbre di vongole
- ¼ tazza di olio d'oliva
- ¼ tazza di basilico tritato

Istruzioni:

1. Scaldare l'olio nella pentola istantanea su SAUTE.
2. Aggiungere l'aglio e cuocere per 1 minuto.
3. Aggiungere il succo di limone, il vino bianco, il brodo e il basilico.
4. Portare ad ebollizione.
5. Mettere le vongole nel cestello per la cottura a vapore e adagiarle nella padella.
6. Chiudere il coperchio e cuocere per 4 minuti su ALTO.
7. Servire irrorando con il liquido di cottura.
8. Apprezzare!

Valori nutrizionali per porzione:

Calorie 224

Grassi totali 15 g

Carboidrati netti 5,7 g

16 g di proteine

Fibra: 0,1 g

gamberoni saltati

Tempo di preparazione: 15 MIN

Servizio: 4

Ingredienti:

- 1 ½ kg di gamberi, sbucciati e puliti
- 2 cucchiai. Olio di cocco
- 1 succo di limone
- ¾ tazza di brodo di pollo
- 2 cucchiaini di aglio tritato
- 3 cucchiai. Prezzemolo tritato

Istruzioni:

1. **Sciogliere l'olio di cocco nella pentola istantanea in SALDO.**
2. Aggiungere l'aglio e cuocere per un minuto.
3. Aggiungere il brodo e i gamberi e chiudere il coperchio.
4. Cuocere in ALTO per 2 minuti.
5. Fai un rapido rilascio della pressione.
6. Trasferire in un piatto.
7. Mescolare prezzemolo e succo di limone.
8. Servite e buon appetito!

Valori nutrizionali per porzione:

calorie 250

Grassi totali 10 g

Carboidrati netti 3,2 g

35 g di proteine

Fibra: 0,2 g

Zuppa di pollo all'antica

Tempo di preparazione: 25 minuti

porzioni 4

Valori Nutrizionali per porzione: 263 Calorie; 9,9 g di grasso; 15,2 g di carboidrati; 27,7 g di proteine; 3,3 g di zuccheri

ingredienti

- 1 ½ cucchiaio di burro, ammorbidito
- 1 tazza di porri, affettati sottilmente
- Sale marino e pepe nero macinato fresco a piacere
- 1 libbra di ali di pollo, dimezzate
- 2 carote, tritate
- 1 sedano con foglie, tritato
- 2 spicchi d'aglio, tritati finemente
- 3 tazze d'acqua
- 1 cucchiaio di brodo di pollo granulato
- 1 cucchiaio di farina di semi di lino
- 1 cucchiaio di aceto di champagne
- 1/2 tazza di crostini all'aglio per guarnire

Istruzioni

1. Premi il pulsante "Sauté" per preriscaldare la tua pentola istantanea. Sciogliere ora il burro; soffriggere i porri fino a renderli morbidi e profumati.

2. Ora aggiungete il sale, il pepe, il pollo, le carote, il sedano e l'aglio. Continuare a soffriggere fino a quando il pollo non sarà più rosa e le verdure saranno tenere.
3. Aggiungere un po' d'acqua per evitare che si bruci e si attacchi. Premere il pulsante "Annulla". Aggiungere l'acqua e il brodo di pollo granulato. Ripara il coperchio.
4. Scegli l'impostazione "Uccelli", Alta pressione. Cuocere per 20 minuti. A cottura ultimata, utilizzare un rilascio naturale.
5. Quindi premere nuovamente il pulsante "Sauté". Preparare la pasta mescolando la farina di semi di lino con alcuni cucchiai del liquido di cottura. Rimetti la pasta nella pentola istantanea e mescola per unire.
6. Aggiungere l'aceto di champagne e cuocere per altri 1 o 2 minuti. Servire in ciotole individuali con crostini all'aglio. Buon appetito!

Polpette di tacchino e formaggio

Tempo di preparazione: 15 minuti

porzioni 6

Valori Nutrizionali per porzione: 404 Calorie; 24,9 g di grasso; 9,6 g di carboidrati; 35,3 g di proteine; 3,1 g di zuccheri

ingredienti

- 1 ½ chilo di tacchino macinato
- 2 uova
- 1 cipolla gialla, tritata
- 2 spicchi d'aglio, tritati
- 1 tazza di tortilla chips, sbriciolate
- 1/2 cucchiaino di paprika
- Sale kosher, qb
- 1/4 cucchiaino di pepe nero appena macinato
- 1/2 cucchiaino di basilico essiccato
- 1/2 cucchiaino di origano essiccato
- 8 once di formaggio svizzero, a cubetti
- 1 cucchiaio di olio d'oliva
- 1/2 tazza di passata di pomodoro
- 1/2 bicchiere d'acqua
- 1 cucchiaio di zucchero
- 1/2 cucchiaino di peperoncino in polvere

Istruzioni

1. Mescolare bene il tacchino macinato, le uova, la cipolla, l'aglio, le tortillas sbriciolate, la paprika, il sale, il pepe, il basilico e l'origano.
2. Arrotolare il composto in polpette. Premere 1 cubetto di formaggio al centro di ogni polpetta, sigillandolo all'interno.
3. Premi il pulsante "Sauté" per riscaldare la tua Instant Pot; ora scaldare l'olio. Rosolare le polpette per qualche minuto, rigirandole periodicamente. Aggiungere la salsa di pomodoro, l'acqua, lo zucchero e il peperoncino in polvere.
4. Ripara il coperchio. Scegliere l'impostazione “Manuale” e cuocere per 9 minuti ad alta pressione. A cottura ultimata, utilizzare un rilascio rapido della pressione; rimuovere con attenzione il coperchio. Buon appetito!

Peperoni ripieni di yogurt

Tempo di preparazione: 20 minuti

porzioni 6

Valori Nutrizionali per porzione: 321 Calorie; 19,7 g di grasso; 8,8 g di carboidrati; 27,9 g di proteine; 5,1 g di zuccheri

ingredienti

- 2 cucchiaini di olio d'oliva
- 1 ½ chilo di pollo macinato
- 1 cipolla rossa, tritata
- 1 cucchiaino di aglio, tritato
- Sale marino e pepe nero macinato a piacere
- 1 cucchiaino di pepe di Caienna
- 1/4 cucchiaino di cumino macinato
- 5 once di formaggio Colby, grattugiato
- 6 peperoni, le cime, la membrana e i semi privati
- 1 tazza di yogurt greco

Istruzioni

1. Premere il pulsante "Sauté" per riscaldare la pentola istantanea. Quindi scaldare l'olio fino a doratura.
2. Cuocere il pollo con cipolla e aglio per 3 minuti, mescolando di tanto in tanto. Aggiungere sale, pepe nero, pepe di Caienna e cumino; mescolare per unire.

3. Aggiungere il formaggio Colby, mescolare e mettere da parte.
4. Pulisci la pentola istantanea con un panno umido. Aggiungi 1 ½ tazza di acqua e una griglia di metallo alla pentola istantanea.
5. Farcire i peperoni con il composto di carne/formaggio; non imballare i peperoni troppo strettamente.
6. Mettere i peperoni sulla griglia e chiudere il coperchio. Scegli "Uccelli" e la modalità Alta pressione; cuocere per 15 minuti.
7. A cottura ultimata, utilizzare un decompressore naturale; rimuovere con attenzione il coperchio. Servire con yogurt greco e buon appetito!

Bacchette di pollo speziate alla messicana

Tempo di preparazione: 15 minuti

porzioni 3

Valori Nutrizionali per porzione: 199 Calorie; 4,3 g di grasso; 7,1 g di carboidrati; 32,2 g di proteine; 3,4 g di zuccheri

ingredienti

- 6 drumettes di pollo, senza pelle e disossate
- Sale condito e pepe nero macinato a piacere
- 1/2 cucchiaino di peperoncino in scaglie, tritato
- 1/2 cucchiaino di origano messicano
- 2 pomodori maturi, tritati
- 2 spicchi d'aglio, tritati
- 1 cucchiaino di zenzero fresco, grattugiato
- 1 peperoncino Cascabel tritato
- 1/2 tazza di erba cipollina, tritata
- 1 cucchiaio di coriandolo fresco, tritato
- 1 cucchiaio di succo di limone fresco

Istruzioni

1. Premi il pulsante "Sauté" per riscaldare la tua pentola istantanea. Rosolare le cosce di pollo per 3 minuti su ciascun lato o fino a doratura.
2. In una ciotola, mescolate gli altri ingredienti. Versare il composto sul pollo dorato.

3. Ripara il coperchio. Scegli la modalità "Manuale" e Alta pressione; cuocere per 10 minuti. A cottura ultimata, utilizzare un decompressore naturale; rimuovere con attenzione il coperchio. Buon appetito!

Polpette di pollo e pancetta

Tempo di preparazione: 15 minuti

porzioni 6

Valori Nutrizionali per porzione: 412 Calorie; 23,1 g di grasso; 21,2 g di carboidrati; 26 g di proteine; 7,2 g di zuccheri

ingredienti

- 1 ¼ chilo di pollo macinato
- 4 fette di pancetta, tritate
- 1 tazza di pangrattato condito
- 1 cipolla, tritata finemente
- 3 spicchi d'aglio, tritati
- 1/2 cucchiaio di rosmarino fresco, tritato finemente
- 2 uova, sbattute
- Sale e pepe nero macinato a piacere
- 1/2 cucchiaino di paprika
- 2 cucchiai di olio d'oliva
- 2 tazze di passata di pomodoro
- 2 cucchiai di senape di Digione
- 1 cucchiaio di salsa Worcestershire
- 2 cucchiai di porto rubino
- 1/4 tazza di brodo di pollo

Istruzioni

1. Amalgamare bene il pollo macinato, la pancetta, il pangrattato, la cipolla, l'aglio, il rosmarino, le uova, il sale, il pepe e la paprika.
2. Formate con il composto delle polpette e tenete da parte.
3. Premi il pulsante "Sauté" a fuoco alto per preriscaldare la tua pentola istantanea. Scaldare l'olio e rosolare le polpette fino a doratura su tutti i lati; lavorare a lotti.
4. Aggiungere gli altri ingredienti. Scegliere l'impostazione “Manuale” e cuocere ad alta pressione per 7 minuti. Usa un rilascio rapido della pressione e rimuovi con cautela il coperchio. Buon appetito!

Cheddar e pollo arrosto

Tempo di preparazione: 30 minuti

porzioni 6

Valori Nutrizionali per porzione: 424 Calorie; 28,7 g di grasso; 7,2 g di carboidrati; 33,2 g di proteine; 2,8 g di zuccheri

ingredienti

- 2 cucchiai di burro
- 1 ½ kg di petto di pollo
- 2 spicchi d'aglio, tagliati a metà
- 1 cucchiaino di pepe di Caienna
- 1/2 cucchiaino di senape in polvere
- sale marino, a piacere
- 1/2 cucchiaino di pepe nero macinato
- 8 once di formaggio Cheddar, affettato
- 1/2 tazza di maionese
- 1 tazza di parmigiano grattugiato

Istruzioni

1. Premere il pulsante "Sauté" per riscaldare la pentola istantanea. Sciogliere il burro; Rosolare il pollo per 2 o 3 minuti su ciascun lato.
2. Aggiungere l'aglio e continuare a soffriggere per altri 30 secondi. Condire con pepe di Caienna, polvere di senape, sale e pepe nero.

3. Aggiungere il formaggio cheddar e la maionese; coprire con parmigiano grattugiato.
4. Ripara il coperchio. Scegli "Carne/Cotto" e Modalità Alta pressione; cuocere per 20 minuti. A cottura ultimata, utilizzare un rilascio rapido della pressione; rimuovere con attenzione il coperchio. Buon appetito!

Panini di pollo con maionese e formaggio

Tempo di preparazione: 20 minuti

porzioni 4

Valori Nutrizionali per porzione: 439 Calorie; 20,1 g di grasso; 24,1 g di carboidrati; 38,6 g di proteine; 4,5 g di zuccheri

ingredienti

- 1 kg di petto di pollo
- Sale marino e pepe nero macinato a piacere
- 2 foglie di alloro
- 1 tazza di brodo vegetale
- 4 panini per hamburger
- 1 cucchiaio di senape di Digione
- 4 cucchiai di maionese
- 4 once di formaggio di capra, sbriciolato
- 1/2 tazza di pomodoro, affettato

Istruzioni

1. Aggiungere il pollo, il sale, il pepe nero, le foglie di alloro e il brodo nella pentola istantanea.
2. Ripara il coperchio. Scegliete l'impostazione "Polame" e cuocete per 15 minuti ad alta pressione. A cottura ultimata, utilizzare un rilascio rapido della pressione; rimuovere con attenzione il coperchio.

3. Assembla i tuoi panini con pollo, panini per hamburger, senape, maionese, formaggio di capra e pomodoro. Servite e buon appetito!

Joe sciatto con una svolta

Tempo di preparazione: 15 minuti

porzioni 6

Confortante e pieno di sapore, Sloppy Joe è il pasto serale autunnale perfetto per la sera. Potrebbe essere più vintage?

Valori Nutrizionali per porzione: 329 Calorie; 23,3 g di grasso; 3,2 g di carboidrati; 25,1 g di proteine; 1,7 g di zuccheri

ingredienti

- 1 cucchiaio di olio d'oliva
- 1 chilo di pollo macinato
- 1/2 chilo di carne di maiale macinata
- 2 spicchi d'aglio, tritati
- 1 cipolla gialla, tritata
- 2 pomodori, tritati
- 1 tazza di brodo di pollo
- Sale marino e pepe nero macinato a piacere
- 1/2 cucchiaino di paprika
- 1/2 cucchiaino di porcini in polvere
- 1/2 cucchiaino di semi di finocchio
- 2 foglie di alloro

Istruzioni

1. Premi il pulsante "Sauté" per riscaldare la tua Instant Pot; Riscaldare l'olio. Ora, cuocere la carne macinata

fino a quando non sarà leggermente dorata; prenotazione.

2. Soffriggere l'aglio e la cipolla in padella per 2 o 3 minuti. Aggiungere il resto degli ingredienti.
3. Ora, fissa il coperchio. Scegliete l'impostazione "Polame" e cuocete per 5 minuti ad alta pressione.
4. A cottura ultimata, utilizzare un decompressore naturale; rimuovere con attenzione il coperchio.
5. Versate il composto sui panini tostati e servite.

Pollo asiatico con miele e arachidi

Tempo di preparazione: 25 minuti

porzioni 4

Valori Nutrizionali per porzione: 435 Calorie; 12,3 g di grasso; 55,2 g di carboidrati; 30 g di proteine; 41,9 g di zuccheri

ingredienti

- 1 libbra di pollo, a cubetti
- 1 cucchiaino di paprika
- Sale e pepe nero a piacere
- 1/2 cucchiaino di cassia
- 1 cucchiaio di burro, sciolto
- 1/2 tazza di miele
- 4 spicchi d'aglio, tritati
- 1 ¼ tazze d'acqua
- 1/2 tazza di salsa Worcestershire
- 1/2 libbra di funghi, affettati
- 1 cucchiaino di Sriracha
- 1 cucchiaio e mezzo di citronella
- 1 ½ cucchiaio di polvere di arrowroot
- 1/4 tazza di arachidi, tritate

Istruzioni

1. Premi il pulsante "Sauté" per preriscaldare la tua pentola istantanea. Mescolare i cubetti di pollo con paprika, sale, pepe nero e cassia.
2. Scaldare il burro e far rosolare il pollo per 4 minuti, mescolando di tanto in tanto. Dopodiché, mescola miele, aglio, acqua, salsa Worcestershire, funghi, Sriracha e citronella; mescolate bene per amalgamare.
3. Chiudi il coperchio e scegli la modalità "Uccelli". Cuocere per 12 minuti. Quindi utilizzare un distaccante naturale e rimuovere con cautela il cappuccio.
4. Premi il pulsante "Aggiorna".
5. Per fare un addensante, aggiungi la polvere di arrowroot in una ciotolina; aggiungere una tazza o giù di lì del liquido di cottura caldo e sbattere fino a quando non si sarà amalgamato.
6. Aggiungere l'addensante nella pentola istantanea e cuocere per altri 4-5 minuti o finché la salsa non si sarà addensata. Decorate con le arachidi tritate. Buon appetito!

Pollo avvolto nella pancetta con salsa Bourbon

Tempo di preparazione: 35 minuti

porzioni 3

Valori Nutrizionali per porzione: 414 Calorie; 24,8 g di grasso; 8,3 g di carboidrati; 38,5 g di proteine; 5,3 g di zuccheri

ingredienti

- 3 metà del petto di pollo, farfalle
- 2 spicchi d'aglio, tagliati a metà
- Sale marino e pepe nero macinato a piacere
- 1 cucchiaino di pepe di Caienna
- 1 cucchiaino di prezzemolo secco in scaglie
- 1 cucchiaino di senape in polvere
- 1/4 cucchiaino di pimento macinato
- 6 fette di pancetta
- 1/2 tazza di salsa barbecue
- 2 cucchiai di whisky bourbon

Istruzioni

1. Aggiungi 1 ½ tazza d'acqua e un treppiede di metallo nella pentola istantanea.
2. Quindi strofinare i petti di pollo con l'aglio. Cospargete il pollo con i condimenti.

3. Avvolgete quindi ogni petto di pollo in 2 fette di pancetta; fissare con stuzzicadenti. Abbassa il pollo avvolto sul treppiede di metallo.
4. Ripara il coperchio. Scegliete l'impostazione "Polame" e cuocete per 15 minuti ad alta pressione. A cottura ultimata, utilizzare un decompressore naturale; rimuovere con attenzione il coperchio.
5. Quindi irrorare il pollo con salsa barbecue e whisky bourbon; Cuocere per 15 minuti. Buon appetito!
6. Arrosto di tacchino, peperoni e zucchine
7. Tempo di preparazione: 15 minuti
8. porzioni 4

Valori Nutrizionali per porzione: 464 Calorie; 24,4 g di grasso; 11,2 g di carboidrati; 43,2 g di proteine; 1,8 g di zuccheri

ingredienti

- 1 cucchiaio di olio di sesamo
- 1 libbra di tacchino macinato
- 1/2 tazza di formaggio Romano grattugiato
- 1/4 tazza di pangrattato
- Sale e pepe nero macinato a piacere
- 1 cucchiaino di pepe serrano, tritato
- 1 cucchiaino di aglio, schiacciato
- 1/2 cucchiaino di timo essiccato
- 1 cucchiaino di basilico essiccato

- 2 zucchine, affettate sottilmente
- 2 peperoni rossi, affettati per il lungo
- 1 tazza di concentrato di pomodoro
- 1 cucchiaino di zucchero di canna
- 5 once di formaggio svizzero, appena grattugiato

Istruzioni

1. Premere il pulsante "Sauté" per riscaldare la pentola istantanea. Ora scalda l'olio fino a quando non bolle.
2. Quindi, saltate il tacchino macinato fino a doratura, sbriciolandolo con un cucchiaio. Unite ora il formaggio, le briciole, il sale, il pepe nero, il pepe di serrano, l'aglio, il timo e il basilico.
3. Cuocere per altri 1 o 2 minuti; prenotazione.
4. Pulisci Instant Pot con un panno umido; spennellare la pentola interna con uno spray da cucina antiaderente. Disporre 1/2 delle fette di zucchine sul fondo.
5. Distribuire 1/3 del composto di carne sulle zucchine. Disporre lo strato di peperoni; aggiungere il composto di carne macinata. Ripeti gli strati finché non esaurisci gli ingredienti.
6. Quindi mescolare bene il concentrato di pomodoro e lo zucchero. Versare questo composto di pomodoro sugli strati.

7. Ripara il coperchio. Scegli la modalità "Manuale" e Alta pressione; cuocere per 10 minuti. A cottura ultimata, utilizzare un rilascio rapido della pressione; rimuovere con attenzione il coperchio.
8. Quindi coprire la casseruola con formaggio svizzero grattugiato; fate sciogliere il formaggio svizzero nel calore residuo. Buon appetito!

Zuppa di pollo con fagiolini

Tempo di preparazione: 20 minuti

porzioni 6

Valori Nutrizionali per porzione: 354 Calorie; 10,8 g di grasso; 11,4 g di carboidrati; 51,3 g di proteine; 5,3 g di zuccheri

ingredienti

- 4 cosce di pollo
- Sale kosher e pepe nero macinato a piacere
- 2 cucchiai di burro chiarificato
- 2 scalogni, tritati
- 4 spicchi d'aglio tritati
- 1 (radice di zenzero da 1 pollice, tritata finemente
- 2 carote, affettate sottilmente
- 1 rapa, tritata
- 1/2 cucchiaino di origano essiccato
- 1 cucchiaino di pepe di Caienna
- 1/2 cucchiaino di rosmarino essiccato
- 2 tazze di passata di pomodoro
- 1 tazza di fagiolini
- 6 tazze d'acqua
- 1 cucchiaio e mezzo di granuli di brodo di pollo
- 2 foglie di alloro
- 1/3 di tazza di biscotti sbriciolati, per guarnire

Istruzioni

1. Condite le cosce di pollo con sale e pepe nero a vostro piacimento. Premi il pulsante "Sauté" per preriscaldare la tua pentola istantanea.
2. Quando è caldo, sciogliere il burro chiarificato e rosolare le cosce di pollo per 3 minuti su ciascun lato.
3. Aggiungere l'erba cipollina, l'aglio, lo zenzero tritato, le carote e le rape; continuare a soffriggere finché non saranno teneri, circa 4 minuti.
4. Aggiungere ora l'origano, il pepe di Caienna e il rosmarino. Mescolare per altri 30 secondi.
5. Aggiungere la passata di pomodoro, i fagiolini, l'acqua, i granuli di brodo di pollo e le foglie di alloro. Ripara il coperchio.
6. Scegli "Manuale", Alta pressione e 10 minuti. A cottura ultimata, utilizzare a rilascio naturale e rimuovere con cautela il coperchio. Scartare le foglie di alloro.
7. Versare in ciotoline individuali e servire guarnite con biscotti sbriciolati.

Alette di pollo con insalata di sesamo

Tempo di preparazione: 25 minuti

porzioni 4

Valori Nutrizionali per porzione: 424 Calorie; 28,3 g di grasso; 7,7 g di carboidrati; 34,3 g di proteine; 3,9 g di zuccheri

ingredienti

- 2 cucchiaini di olio di sesamo
- 1 ½ libbre di ali di pollo, con l'osso, con la pelle
- 2 spicchi d'aglio, tritati
- Sale marino e pepe nero macinato a piacere
- 1 cucchiaino di paprika
- 1 tazza di brodo di ossa di pollo
- Insalata di sesamo:
- 1 tazza di cavolo bianco
- 1 cipolla rossa, affettata sottilmente
- 1 spicchio d'aglio, tritato
- 1 cucchiaio e mezzo di olio di sesamo
- 1 cucchiaio di salsa di soia
- 1 cucchiaino di miele
- 1 cucchiaino di senape
- 1 cucchiaio di succo di limone, appena spremuto
- 1 cucchiaio di semi di sesamo tostati

Istruzioni

1. Premi il pulsante "Sauté" per riscaldare la tua pentola istantanea. Quindi scaldare 2 cucchiaini di olio di sesamo e rosolare le ali di pollo per 2 o 3 minuti su ciascun lato.
2. Aggiungi del brodo di pollo per raschiare i pezzetti marroni dal fondo della pentola istantanea.
3. Ripara il coperchio. Scegli "Uccelli" e la modalità Alta pressione; cuocere per 15 minuti. A cottura ultimata, utilizzare un decompressore naturale; rimuovere con attenzione il coperchio.
4. Nel frattempo, mescolare tutti gli ingredienti per l'insalata di cavolo al sesamo; mettere in frigo fino al momento di servire. Servire con ali di pollo calde. Buon appetito!

Zuppa di pollo con verdure arcobaleno

Tempo di preparazione: 25 minuti

porzioni 5

Valori Nutrizionali per porzione: 238 Calorie; 17 g di grasso; 5,4 g di carboidrati; 16,4 g di proteine; 2,6 g di zuccheri

ingredienti

- 2 cucchiai di olio d'oliva
- 1 libbra di drumette di pollo
- 1 cipolla gialla, tritata
- 2 spicchi d'aglio, tritati
- 1 peperone rosso, privato dei semi e affettato
- 1 peperone verde, privato dei semi e affettato
- 1 peperone arancione, privato dei semi e affettato
- 1 carota, affettata sottilmente
- 1 zucca, tagliata a fettine sottili
- 1/4 di bicchiere di vino rosato
- Sale marino e pepe nero macinato a piacere
- 1/2 cucchiaino di aneto essiccato
- 1/2 cucchiaino di origano essiccato
- 1 cucchiaio di brodo di pollo granulato
- 4 tazze d'acqua

Istruzioni

1. Premi il pulsante "Sauté" per riscaldare la tua Instant Pot; ora scaldare l'olio finché non sfrigola. Quindi, soffriggere la cipolla e l'aglio fino a renderli morbidi e fragranti.
2. Aggiungere i peperoni, le carote e la pastinaca; cuocere per altri 3 minuti o finché le verdure non saranno tenere. Aggiungi un po' di vino rosato per sfumare il fondo della tua Instant Pot.
3. Quindi mescolare gli altri ingredienti; mescolate per amalgamare bene.
4. Ripara il coperchio. Scegli "Zuppa" e modalità Alta pressione; cuocere per 20 minuti. A cottura ultimata, utilizzare un rilascio rapido della pressione. Rimuovere con cautela il coperchio.
5. Togliere le ali di pollo dal liquido di cottura; scartare le ossa e tritare la carne.
6. Aggiungere la carne di pollo nella pentola istantanea, mescolare e servire calda. Buon appetito!

Zuppa di cavatappi e polpette

Tempo di preparazione: 20 minuti Porzioni 6

Valori Nutrizionali per porzione: 408 Calorie; 18,4 g di grasso; 27,4 g di carboidrati; 33,8 g di proteine; 2,8 g di zuccheri

ingredienti

- 1 libbra di tacchino macinato
- 1/2 chilo di carne di maiale macinata
- 2 cucchiai di coriandolo fresco, tritato
- 1/2 cipolla bianca, tritata finemente
- 2 spicchi d'aglio, tritati
- 1 cucchiaio di salsa di ostriche
- Sale marino e pepe nero macinato a piacere
- 1 cucchiaino di pepe di Caienna
- 1 uovo intero
- 2 cucchiaini di olio di sesamo
- 1 chilo di cavatappi
- 1 cucchiaino di finocchio
- 1 tazza di passata di pomodoro
- 1 carota, affettata sottilmente
- 1 sedano con foglie, tritato
- 6 tazze di brodo di pollo

Istruzioni

1. Mescolare bene la carne macinata, il coriandolo, la cipolla, l'aglio, la salsa di ostriche, il sale, il pepe nero e il pepe di Cayenna. Formate con il composto delle polpette; lasciato da parte.
2. Premere il pulsante "Sauté" per riscaldare la pentola istantanea. Scaldare l'olio e rosolare le polpette fino a doratura su tutti i lati.
3. Ora, mescola gli altri ingredienti.
4. Ripara il coperchio. Scegliere l'impostazione “Manuale” e cuocere per 12 minuti ad alta pressione. A cottura ultimata, utilizzare un rilascio rapido della pressione; rimuovere con attenzione il coperchio. Buon appetito!

Domenica Tacchino e salsiccia di polpettone

Tempo di preparazione: 25 minuti

porzioni 6

Valori Nutrizionali per porzione: 273 Calorie; 14,8 g di grasso; 14,5 g di carboidrati; 22,6 g di proteine; 4,5 g di zuccheri

ingredienti

- 3/4 libbra di tacchino macinato
- Salsiccia di manzo cotta da 1/2 libbra, sbriciolata
- 1/2 tazza di tortilla chips, tritate
- 1/2 tazza di fiocchi di pane secco
- 1 cucchiaio di salsa di ostriche
- 2 uova
- 1 cipolla tritata
- 2 spicchi d'aglio, tritati
- Sale e pepe nero macinato a piacere
- 1 cucchiaino di pepe di Caienna
- 1 tazza di passata di pomodoro
- 3 cucchiaini di zucchero di canna

Istruzioni

1. In una ciotola, mescolare insieme il tacchino macinato, la salsiccia di manzo, le tortillas, i fiocchi di pane secco, la salsa di ostriche, le uova, la cipolla e l'aglio.

2. Condire con sale, pepe nero e pepe di Caienna; mescolate fino a quando tutto sarà ben incorporato.
3. Aggiungi 1 ½ tazza di acqua sul fondo della pentola istantanea. Modellate il composto di carne in un ceppo che si adatterà alla griglia fumante.
4. Mettere la fettuccia di alluminio sulla griglia e abbassare con cura il polpettone sulla carta stagnola. Mescolare la passata di pomodoro con 3 cucchiaini di zucchero di canna. Spalmate questo composto sopra il vostro polpettone.
5. Ripara il coperchio e scegli la modalità "Manuale". Cuocere ad alta pressione per 20 minuti o ad una temperatura interna di 160 gradi F.
6. A cottura ultimata, utilizzare un rilascio naturale e rimuovere con cautela il coperchio. Buon appetito!

Zuppa di salsiccia di pollo con spinaci

Tempo di preparazione: 15 minuti

porzioni 8

Valori Nutrizionali per porzione: 360 Calorie; 28,1 g di grasso; 7,8 g di carboidrati; 19,1 g di proteine; 2,7 g di zuccheri

ingredienti

- 1 cucchiaio di strutto, sciolto
- 8 once di salsiccia di pollo, cotta e affettata sottilmente
- 1/2 tazza di erba cipollina, tritata
- 1 cucchiaino di pasta all'aglio allo zenzero
- 1 chilo di cavolfiore, tagliato a cimette
- 4 tazze di brodo vegetale
- 1 pizzico di scaglie di peperoncino
- Sale kosher, qb
- 1/2 cucchiaino di pepe nero macinato fresco, a piacere
- 1 tazza di spinaci, tagliati a pezzi

Istruzioni

1. Aggiungi tutti gli ingredienti tranne gli spinaci nella pentola istantanea.
2. Ripara il coperchio. Scegliere l'impostazione “Manuale” e cuocere per 9 minuti ad alta pressione. A cottura ultimata, utilizzare un rilascio rapido della pressione; rimuovere con attenzione il coperchio.

3. Frullare il composto nel robot da cucina.
4. Quindi aggiungere gli spinaci e chiudere il coperchio. Lasciar riposare finché gli spinaci non appassiscono. Servire in bicchieri individuali. Apprezzare!

Cosce di pollo cremose

Tempo di preparazione: 20 minuti

porzioni 6

Valori Nutrizionali per porzione: 351 Calorie; 15,7 g di grasso; 7 g di carboidrati totali; 43,5 g di proteine; 3,3 g di zuccheri

ingredienti

- 2 pomodori maturi, tritati
- 1/2 tazza di brodo vegetale arrosto, preferibilmente fatto in casa
- 1 cipolla rossa, tritata
- 1 peperone rosso, privato dei semi e tritato
- 1 peperone verde, privato dei semi e tritato
- 4 spicchi d'aglio
- 1 cucchiaino di curry in polvere
- 1/2 cucchiaino di paprika
- 1/4 cucchiaino di pepe nero macinato
- sale marino, a piacere
- Un pizzico di noce moscata grattugiata
- 1/2 cucchiaino di cumino macinato
- 2 libbre di cosce di pollo, disossate, senza pelle
- 2 cucchiai di burro
- 1/3 tazza di panna doppia
- 1 cucchiaio di farina di semi di lino

Istruzioni

1. Aggiungi pomodori, brodo vegetale, cipolla, peperoncino, aglio, curry in polvere, paprika, pepe nero, sale, noce moscata grattugiata e cumino macinato sul fondo della pentola istantanea.
2. Aggiungere le cosce di pollo. Ripara il coperchio. Scegli la modalità "Manuale" e Alta pressione; cuocere per 12 minuti. A cottura ultimata, utilizzare un dispositivo di rilascio della pressione naturale.
3. Fate raffreddare completamente e mettete da parte il pollo.
4. In un refrattario sbattere gli altri ingredienti e aggiungere questo composto alla Instant Pot; premere il pulsante "Sauté" e portare a bollore.
5. Ora, rimettere il pollo nel liquido di cottura. Premi il pulsante "Annulla" e servi subito. Buon appetito!

Zuppa di pollo e parmigiano

Tempo di preparazione: 40 minuti

porzioni 6

Valori Nutrizionali per porzione: 405 Calorie; 18,4 g di grasso; 6,6 g di carboidrati totali; 50,1 g di proteine; 1,1 g di zuccheri

ingredienti

- 2 libbre di pollo intero, tagliato a pezzi
- 3 once di latte intero
- 1 cucchiaino di succo di limone fresco
- 1/2 cucchiaino di zenzero fresco, grattugiato
- 2 spicchi d'aglio, tritati
- 4 once di ricotta, a temperatura ambiente
- 2 scalogni di banana, sbucciati e tritati
- 1 carota, tritata
- 2 cucchiai di burro
- 1 cucchiaio di rosmarino essiccato
- 1/4 cucchiaino di pepe nero macinato
- sale marino, a piacere
- 4 tazze di brodo di pollo a basso contenuto di sodio
- 1/2 tazza di parmigiano, preferibilmente appena grattugiato
- 1 cucchiaio di prezzemolo fresco, tritato

Istruzioni

1. In una ciotola mettete i pezzi di pollo, il latte, il succo di limone, lo zenzero e l'aglio; lasciate marinare per 1 ora in frigo.
2. Aggiungi il pollo, insieme alla marinata, alla pentola istantanea. Aggiungere la ricotta, l'erba cipollina, le carote, il burro, il rosmarino, il pepe nero, il sale e il brodo di pollo.
3. Ripara il coperchio. Premere il pulsante "Zuppa" e cuocere per 35 minuti. A cottura ultimata, utilizzare un rilascio rapido della pressione.
4. Togliere il pollo dal liquido di cottura. Scartare le ossa e rimettere il pollo nella pentola istantanea.
5. Aggiungere il parmigiano grattugiato fresco al liquido di cottura caldo; mescolate finché non si sarà sciolto e tutto sarà ben amalgamato. Versare in ciotoline individuali, guarnire con prezzemolo fresco e buon appetito!

Filetto di petto di tacchino arrosto

Tempo di preparazione: 40 minuti

porzioni 6

Valori Nutrizionali per porzione: 255 Calorie; 7,1 g di grasso; 0,7 g di carboidrati totali; 49,7 g di proteine; 0 g di zuccheri

ingredienti

- 6 filetti di petto di tacchino
- 4 spicchi d'aglio, tagliati a metà
- 2 cucchiai di olio di semi d'uva
- 1/2 cucchiaino di paprika
- 1/2 cucchiaino di basilico essiccato
- 1/2 cucchiaino di origano essiccato
- 1/2 cucchiaino di maggiorana essiccata
- 1 tazza d'acqua
- sale marino, a piacere
- 1/4 cucchiaino di pepe nero macinato o più a piacere

Istruzioni

1. Strofinare i filetti di tacchino con le metà dell'aglio. Ora, massaggia 1 cucchiaio di olio sul tacchino e condisci con paprika, basilico, origano, maggiorana, acqua, sale e pepe nero.

2. Premere il tasto “Sauté” e aggiungere un altro cucchiaio di olio. Rosolare i filetti di tacchino per 3-4 minuti per lato.
3. Aggiungi il rack alla Instant Pot; abbassare il tacchino sulla griglia.
4. Ripara il coperchio. Scegli l'impostazione “Manuale” e cuoci per 30 minuti. A cottura ultimata, utilizzare un decompressore naturale; rimuovere con attenzione il coperchio.
5. Servire subito. Buon appetito!

Cosce di pollo con salsa di maionese piccante

Tempo di preparazione: 25 minuti

porzioni 4

Valori Nutrizionali per porzione: 484 Calorie; 42,6 g di grasso; 2,4 g di carboidrati totali; 22,3 g di proteine; 0,5 g di zuccheri

ingredienti

- **4 cosce di pollo, senza osso, senza pelle**
- 2 spicchi d'aglio, sbucciati e tagliati a metà
- 1/2 cucchiaino di sale marino grosso
- 1/4 cucchiaino di pepe nero macinato o più a piacere
- 1/2 cucchiaino di peperoncino in scaglie, tritato
- 1 cucchiaio di olio d'oliva
- 1/4 tazza di brodo di pollo
- Salsa:
- 3/4 di maionese
- 2 cucchiai di senape macinata a pietra
- 1 cucchiaino di succo di limone fresco
- 1/2 cucchiaino di Sriracha
- Tetto:
- 1/4 tazza di coriandolo fresco, tritato grossolanamente

Istruzioni

1. Strofina le cosce di pollo con metà dell'aglio; quindi condite con sale, pepe nero e scaglie di peperoncino. Premi il pulsante "Aggiorna".
2. Quando è caldo, scaldare l'olio e saltare le cosce di pollo per 4-5 minuti, girandole una volta durante il tempo di cottura. Aggiungere un po' di brodo di pollo per sfumare il fondo della padella.
3. Ripara il coperchio. Scegli la modalità "Manuale" e Alta pressione; cuocere per 14 minuti. A cottura ultimata, utilizzare un decompressore naturale; rimuovere con attenzione il coperchio.
4. Nel frattempo amalgamare tutti gli ingredienti per la salsa; mettere in frigo fino al momento di servire.
5. Guarnire le cosce di pollo con il coriandolo. Servire con la salsa di maionese piccante a parte. Buon appetito!

Drumette di pollo alle erbe

Tempo di preparazione: 15 minuti

porzioni 6

Valori Nutrizionali per porzione: 346 Calorie; 18,3 g di grasso; 2,7 g di carboidrati totali; 40,5 g di proteine; 0,9 g di zuccheri

ingredienti

- 2 cucchiai di olio d'oliva
- 2 ½ libbre di drumette di pollo, sgrassate
- 1 pomodoro, tritato
- 2 spicchi d'aglio, affettati
- 1 cucchiaio di erbe di Provenza
- sale marino, a piacere
- 1/3 cucchiaino di pepe nero macinato
- 1/2 cucchiaino di paprika
- 1 tazza d'acqua
- 2/3 di maionese
- 2 cucchiai di senape di Digione
- 1/2 limone, tagliato a rondelle

Istruzioni

1. Premi il pulsante "Aggiorna". Scaldare l'olio e rosolare le cosce di pollo per 2 o 3 minuti per lato.
2. Aggiungere il pomodoro, l'aglio, le erbe di Provenza, il sale, il pepe nero, la paprika e l'acqua.

3. Ripara il coperchio. Scegli la modalità "Manuale" e Alta pressione; cuocere per 10 minuti. A cottura ultimata, utilizzare un decompressore naturale; rimuovere con attenzione il coperchio.
4. Servire con maionese, senape e spicchi di limone. Buon appetito!

Insalata Di Fagioli Cannellini Piccanti Con Datteri

Pronto in: 35 minuti + tempo di refrigerazione

Porzione: 12

Valori Nutrizionali per porzione: Calorie 195; Carboidrati 29 g; grasso 3 g; 9 g di proteine

ingredienti

- 1 tazza di fagioli cannellini secchi, ammollati
- 1 tazza di datteri freschi, dimezzati, snocciolati
- 2 ½ tazze di piselli surgelati, scongelati
- 1 tazza di erba cipollina, tritata
- 1 tazza di pomodori, affettati sottilmente
- 3 spicchi d'aglio, tritati
- 1 cucchiaio di olio d'oliva
- ¼ tazza di aceto di vino bianco
- ¼ tazza di salsa tamari
- 2 cucchiaini di pasta di peperoncino
- Sale e pepe nero a piacere
- ½ cucchiaino di peperoncino in scaglie, per guarnire

Istruzioni

1. Per preparare la salsa, mescolare la salsa tamari, l'olio d'oliva, l'aceto, la pasta di peperoncino e l'aglio. Refrigerare durante la notte.

2. Metti i fagioli nella pentola a pressione e versa dell'acqua fino a coprirli. Sigillare il tappo e chiudere la valvola di rilascio della pressione. Selezionare la modalità FAGIOLI/PEPERONCINO e cuocere per 25 minuti ad alta pressione.
3. A cottura ultimata, rilasciate velocemente la pressione. Scolare i fagioli e trasferirli in una ciotola da portata. Aggiungere il resto degli ingredienti e condire con la salsa fino a quando non sarà ben ricoperta.

Panini Vegetariani Salati

Tempo di preparazione: 35 minuti

Servizio: 4

Valori Nutrizionali per porzione: Calorie 488; Carboidrati 62 g; Grasso 19 g; 28 g di proteine

ingredienti

- 1 cucchiaio di olio vegetale
- 4 salsicce vegetariane, affettate
- 1 spicchio d'aglio, schiacciato
- ½ tazza di salsa tamari
- 2 scalogni, tritati
- 2 tazze di brodo vegetale arrosto
- 2 peperoni, puliti e affettati
- 4 panini per hamburger
- 1 tazza di formaggio cheddar appena grattugiato
- Sale e pepe nero macinato a piacere
- 2 ½ tazze d'acqua

Istruzioni

1. Scaldare l'olio nel soffritto e cuocere l'aglio e lo scalogno finché sono teneri, circa 3 minuti. Aggiungere le salsicce e cuocere per altri 5 minuti. Aggiungere gli altri ingredienti tranne il pane e il formaggio.

2. Selezionare COTTURA A PRESSIONE/MANUALE e cuocere per 15 minuti su Alta. Quando sei pronto, fai un rapido rilascio della pressione. Preriscaldare il forno a 460 gradi F. Dividere la miscela preparata tra 4 panini per hamburger e guarnire con formaggio grattugiato.
3. Cuocete i panini in forno per 6-7 minuti, o fino a quando il formaggio non si sarà sciolto. Servite subito!

Zuppa cremosa di zucca e patate dolci Eat-me

Tempo di preparazione: 30 minuti

Servizio: 4

Valori Nutrizionali per porzione: Calorie 243; Carboidrati 33 g; Grasso 9 g; 7 g di proteine

ingredienti

- 2 tazze di zucca, a cubetti
- 2 tazze di patate dolci tagliate a dadini
- 2 cucchiai di olio d'oliva
- 1 Cipolla, tagliata a cubetti
- 1 cucchiaio di panna
- 3 tazze di brodo vegetale
- un pizzico di timo

Istruzioni

1. Nel SAUTÉ em Alta, scaldare l'olio e aggiungere la cipolla. Cuocere finché sono teneri, circa 3 minuti. Aggiungere le patate e le zucchine e cuocere per un altro minuto, o finché non iniziano a "sudare".
2. Versare il brodo e mantecare con il timo. Chiudere il coperchio, scegliere FAGIOLI/PEPERONCINO per 10 minuti su Alto. Quando hai finito, esegui un rilascio di pressione naturale, per circa 10 minuti. Aggiungere la panna e servire.

Mix di piselli verdi

Tempo di preparazione: 25 minuti

porzioni 6

Valori Nutrizionali per porzione: 173 Calorie; 6,6 g di grasso; 22,7 g di carboidrati; 7,7 g di proteine; 7,9 g di zuccheri

ingredienti

- 2 cucchiai di olio di canola
- 1 cucchiaino di semi di cumino
- 2 ½ tazze di piselli, interi
- 2 pomodori Roma maturi, privati dei semi e schiacciati
- 3 tazze di brodo vegetale arrosto
- 1 scalogno, a cubetti
- 2 spicchi d'aglio, tritati
- 2 carote, tritate
- 2 manioca, tritata
- 1 peperone rosso, privato dei semi e tritato
- 2 foglie di alloro
- Sale marino e pepe nero macinato a piacere
- 1 cucchiaino di pepe di Caienna
- 1/2 cucchiaino di aneto essiccato

Istruzioni

1. Premere il pulsante "Sauté" per preriscaldare la pentola istantanea. Una volta caldo, aggiungete l'olio. Quindi soffriggere i semi di cumino per 30 secondi.
2. Aggiungere lo scalogno, l'aglio, le carote, la pastinaca e il pepe; continuare a soffriggere per altri 3 o 4 minuti o finché le verdure non saranno tenere.
3. Ora, mescola gli altri ingredienti.
4. Ripara il coperchio. Scegli la modalità "Manuale" e cuoci per 18 minuti ad alta pressione. A cottura ultimata utilizzare un distaccante naturale; rimuovere con attenzione il coperchio.
5. Servire con crema di formaggio a piacere. Buon appetito!

Zuppa piccante di verdure e fagioli adzuki

Tempo di preparazione: 30 minuti

porzioni 4

Valori Nutrizionali per porzione: 474 Calorie; 7,6 g di grasso; 84 g Carboidrati; 20,5 g di proteine; 7,8 g di zuccheri

ingredienti

- 2 cucchiai di olio d'oliva
- 2 cipolle, tritate
- 2 carote tritate
- 2 manioca, tritata
- 1 sedano con foglie, tritato
- 2 patate Yukon dorate, sbucciate e tagliate a dadini
- 2 pomodori maturi, passati
- 12 once di crusca Adzuki, messa a bagno per una notte
- 1 cucchiaino di pepe di Caienna
- 1 cucchiaino di basilico essiccato
- 1/2 cucchiaino di maggiorana
- 1 cucchiaino di aglio nero in polvere
- 1 cucchiaino di erba cipollina essiccata in scaglie
- Poche gocce Sriracha
- Sale kosher e pepe nero macinato a piacere
- 4 tazze di acqua bollente

Istruzioni

1. Premere il pulsante "Sauté" per riscaldare la pentola istantanea. Ora scaldare l'olio e soffriggere le cipolle fino a renderle morbide.
2. Aggiungere gli altri ingredienti; mescolate per amalgamare bene. Ripara il coperchio e scegli la modalità "Manuale". Cuocere per 10 minuti ad alta pressione.
3. A cottura ultimata, utilizzare un distaccante naturale per 15 minuti; rimuovere con attenzione il coperchio.
4. Versare in ciotole individuali e mangiare caldo. Buon appetito!

Insalata di asparagi all'italiana

Tempo di preparazione: 10 minuti

porzioni 4

Valori Nutrizionali per porzione: 230 Calorie; 19,1 g di grasso; 10,1 g di carboidrati; 7,9 g di proteine; 4,9 g di zuccheri

ingredienti

- 1 libbra di asparagi, mondati
- 2 pomodori, tagliati a cubetti
- 4 cucchiai di olio d'oliva
- 1 scalogno, tritato
- 1 cucchiaino di aglio, tritato
- Sale marino e pepe nero macinato a piacere
- 2 cucchiai di succo di limone
- 1 cucchiaio di senape di Digione
- 1/2 tazza di formaggio Romano grattugiato
- 1 manciata di prezzemolo italiano

Istruzioni

1. Aggiungi 1 tazza di acqua e un treppiede di metallo a Instant Pot. Disporre gli asparagi sul piatto.
2. Ripara il coperchio. Scegli la modalità "Manuale" e cuoci per 1 minuto ad alta pressione. A cottura ultimata, utilizzare uno sgancio rapido; rimuovere con attenzione il coperchio.
3. Mescolare gli asparagi preparati con gli altri ingredienti; gioca per abbinarsi bene. Mettere in frigo fino al momento di servire. Apprezzare!

Farinata di zucca con ciliegie secche

Tempo di preparazione: 25 minuti

porzioni 4

Valori Nutrizionali per porzione: 201 Calorie; 1,1 g di grasso; 51,8 g di carboidrati; 5 g di proteine; 31,9 g di zuccheri

ingredienti

- 2 ½ libbre di zucca, pulita e priva di semi
- 1/2 tazza di fiocchi d'avena
- 4 cucchiai di miele
- 1/2 cucchiaino di cannella in polvere
- Un po' di sale
- Un pizzico di noce moscata grattugiata
- 4 cucchiai di frutta secca
- 1 tazza d'acqua

Istruzioni

1. Aggiungi 1 ½ tazza d'acqua e un treppiede di metallo nella pentola istantanea. Ora, posiziona la zucca sul treppiede.
2. Ripara il coperchio. Scegli la modalità "Manuale" e cuoci per 12 minuti ad alta pressione. A cottura ultimata utilizzare un distaccante naturale; rimuovere con attenzione il coperchio.
3. Poi tritate la zucca in un robot da cucina.
4. Pulisci la pentola istantanea con un panno umido. Aggiungi gli altri ingredienti nella pentola istantanea, inclusa la purea di zucca.
5. Ripara il coperchio. Scegli la modalità "Manuale" e cuoci per 10 minuti ad alta pressione. A cottura ultimata utilizzare un distaccante naturale; rimuovere con attenzione il coperchio.

Risotto vegano facile

Tempo di preparazione: 15 minuti

porzioni 2

Valori Nutrizionali per porzione: 291 Calorie; 20 g di grasso; 35,4 g di carboidrati; 11,3 g di proteine; 2,8 g di zuccheri

ingredienti

- 1 cucchiaio di olio d'oliva
- 2 spicchi d'aglio, tritati
- 1 cipolla bianca, tritata finemente
- 1 tazza di riso arborio
- 1 tazza d'acqua
- 1 tazza di brodo vegetale
- 1/2 cucchiaino di basilico essiccato
- 1/2 cucchiaino di origano essiccato
- Sale marino e pepe nero macinato a piacere
- 1 cucchiaino di paprika affumicata

Istruzioni

1. Premi il pulsante "Sauté" per preriscaldare la tua pentola istantanea. Scaldare l'olio e soffriggere l'aglio e la cipolla fino a renderli morbidi e fragranti, circa 3 minuti.
2. Aggiungere gli altri ingredienti; mescolate per amalgamare bene.
3. Ripara il coperchio. Scegli la modalità "Manuale" e cuoci per 5 minuti ad alta pressione. A cottura ultimata, utilizzare uno sgancio rapido; rimuovere con attenzione il coperchio.
4. Versare in bicchieri individuali e servire caldo. Apprezzare!

Insalata di fagioli rinfrescante

Tempo di preparazione: 35 minuti + tempo di refrigerazione

porzioni 4

Valori Nutrizionali per porzione: 207 Calorie; 5,1 g di grasso; 31,2 g di carboidrati; 10,6 g di proteine; 2,3 g di zuccheri

ingredienti

- 1 tazza di fagioli del nord
- 6 tazze d'acqua
- 1 cetriolo, sbucciato e affettato
- 1 peperone rosso, privato dei semi e tritato
- 1 peperone verde, privato dei semi e tritato
- 1 cucchiaino di sommacco macinato
- 3 cucchiai di olio extravergine di oliva
- 1 cucchiaio di succo di limone fresco
- 1/4 tazza di foglie di prezzemolo fresco, tritate grossolanamente
- 1/4 cucchiaino di pepe nero appena macinato
- 1/2 cucchiaino di peperoncino in scaglie
- sale, a piacere

Istruzioni

1. Metti i fagioli e l'acqua nella pentola istantanea.
2. Ripara il coperchio. Scegli la modalità "Fagioli/Chili" e cuoci per 30 minuti ad alta pressione. A cottura ultimata utilizzare un distaccante naturale; rimuovere con attenzione il coperchio.
3. Lascia raffreddare completamente i fagioli preparati. Ora, aggiungi gli altri ingredienti nella pentola istantanea.
4. Mescolare e servire ben freddo. Apprezzare!

Zuppa Di Verdure E Maccheroni

Tempo di preparazione: 20 minuti

porzioni 6

Valori Nutrizionali per porzione: 194 Calorie; 5,4 g di grasso; 29,9 g di carboidrati; 8 g di proteine; 5,1 g di zuccheri

ingredienti

- 2 cucchiai di olio d'oliva
- 2 scalogni, pelati e tritati
- 1 carota, tritata
- 1 manioca, tritata
- 1 rapa, tritata
- 3 spicchi d'aglio, schiacciati
- 1 cucchiaino di cumino in polvere
- 1/2 cucchiaino di rosmarino essiccato
- 1/2 cucchiaino di timo essiccato
- 6 tazze di brodo vegetale, preferibilmente fatto in casa
- 9 once di spaghetti vegani
- 1 tazza di chicchi di mais
- Sale e pepe nero macinato fresco a piacere

Istruzioni

1. Premi il pulsante "Sauté" per riscaldare la tua pentola istantanea. Ora scaldate l'olio e fate rosolare gli scalogni con le carote, le pastinache e le rape fino a renderle morbide.
2. Aggiungere l'aglio e cuocere per altri 40 secondi. Aggiungere il cumino in polvere, il rosmarino, il timo, il brodo e le tagliatelle.
3. Ora, chiudi il coperchio e scegli l'impostazione "Zuppa".
4. Cuocere per 7 minuti ad alta pressione. A cottura ultimata, utilizzare uno sgancio rapido; rimuovere con attenzione il coperchio.
5. Aggiungere i chicchi di mais, coprire con il coperchio e cuocere a fuoco residuo per altri 5-6 minuti. Aggiustate di sale e pepe, assaggiate, aggiustate di condimento e servite ben caldo. Buon appetito!

Pilaf di quinoa con funghi cremini

Tempo di preparazione: 15 minuti

porzioni 4

Valori Nutrizionali per porzione: 401 Calorie; 12,1 g di grasso; 60,2 g di carboidrati; 14,1 g di proteine; 2,7 g di zuccheri

ingredienti

- 2 tazze di quinoa secca
- 3 tazze d'acqua
- 2 cucchiai di olio d'oliva
- 1 cipolla tritata
- 1 peperone, tritato
- 2 spicchi d'aglio, tritati
- 2 tazze di funghi Cremini, affettati sottilmente
- 1/2 cucchiaino di sale marino
- 1/3 cucchiaino di pepe nero macinato o più a piacere
- 1 cucchiaino di pepe di Caienna
- 1/2 cucchiaino di aneto essiccato
- 1/4 di cucchiaino di alloro macinato

Istruzioni

1. Aggiungi la quinoa e l'acqua nella pentola istantanea.
2. Ripara il coperchio. Scegli la modalità “Manuale” e cuoci per 1 minuto ad alta pressione. A cottura ultimata utilizzare un distaccante naturale; rimuovere con attenzione il coperchio.
3. Scolate la quinoa e tenetela da parte.
4. Premi il pulsante "Sauté" per preriscaldare la tua pentola istantanea. Quando è caldo, scaldare l'olio. Quindi soffriggere la cipolla fino a renderla morbida e traslucida.
5. Aggiungere i peperoni, l'aglio e i funghi e continuare a soffriggere per altri 1 o 2 minuti o fino a quando non saranno fragranti. Mescola gli altri ingredienti nella pentola istantanea.
6. Aggiungere la quinoa tenuta da parte e mescolare per amalgamare bene. Servitela calda. Buon appetito!

Ciotola di zucca e orzo

Tempo di preparazione: 45 minuti

porzioni 4

Valori Nutrizionali per porzione: 360 Calorie; 6,4 g di grasso; 70 g di carboidrati; 8,7 g di proteine; 2,2 g di zuccheri

ingredienti

- 2 cucchiai di olio d'oliva divisi
- 2 spicchi d'aglio, tritati
- 1/2 tazza di erba cipollina, tritata
- 2 tazze di zucchine, sbucciate e tagliate a dadini
- 1/2 cucchiaino di curcuma in polvere
- 2 tazze di orzo intero
- 4 ½ tazze d'acqua
- Sale marino e pepe nero macinato a piacere

Istruzioni

1. Premi il pulsante "Sauté" per preriscaldare la tua pentola istantanea. Una volta caldo, scaldare l'olio. Ora cuocete l'aglio e l'erba cipollina fino a renderli morbidi.
2. Aggiungere gli altri ingredienti e mescolare per unire.
3. Ripara il coperchio. Scegli la modalità "Multicereali" e cuoci per 40 minuti ad alta pressione. A cottura ultimata utilizzare un distaccante naturale; rimuovere con attenzione il coperchio.
4. Versare in bicchieri individuali e servire caldo.

Zuppa colorata di cocco e verdure

Tempo di preparazione: 25 minuti

porzioni 5

Valori Nutrizionali per porzione: 176 Calorie; 13,1 g di grasso; 9,3 g di carboidrati; 7,9 g di proteine; 3,4 g di zuccheri

ingredienti

- 1 cucchiaio di olio d'oliva
- 1/2 tazza di cipolla bianca, tritata
- 1 cucchiaino di aglio, tritato
- 2 carote, tritate
- 1 manioca, tritata
- 1 sedano, tritato
- 1 cespo di cavolfiore, tagliato a piccoli mazzi
- 1 zucchina, a cubetti
- 5 tazze di brodo vegetale
- Sale marino e pepe nero macinato a piacere
- 1/2 tazza di crema al cocco
- 2 cucchiai di coriandolo fresco, tritato

Istruzioni

1. Premi il pulsante "Sauté" per preriscaldare la tua pentola istantanea. Ora scalda l'olio fino a quando non bolle.
2. Soffriggere cipolla e aglio fino a renderli morbidi. Aggiungere le carote, la pastinaca, il sedano, il cavolfiore, le zucchine, il brodo, il sale e il pepe nero e mescolare per amalgamare.
3. Ripara il coperchio. Scegli la modalità "Zuppa" e cuoci per 20 minuti ad alta pressione. A cottura ultimata, utilizzare uno sgancio rapido; rimuovere con attenzione il coperchio.
4. Aggiungere la crema di cocco e chiudere il coperchio; lasciate riposare finché non sarà tiepido. Versare nelle zuppiere e servire guarnendo con coriandolo fresco. Buon appetito!

Broccoli e carote con salsa di arachidi

Tempo di preparazione: 10 minuti

porzioni 4

Valori Nutrizionali per porzione: 90 Calorie; 4,3 g di grasso; 9,3 g di carboidrati; 5,2 g di proteine; 4,3 g di zuccheri

ingredienti

- 1 ¼ tazze d'acqua
- 1 libbra di cimette di broccoli
- 1 carota, a cubetti
- 1/2 cucchiaino di sale marino
- 1/2 cucchiaino di pepe di Caienna
- 1/4 cucchiaino di pepe bianco macinato
- Per la salsa:
- 4 cucchiai di burro di arachidi setoso
- 3 cucchiai d'acqua
- 1 cucchiaio di aceto di champagne
- 1 cucchiaio di semi di papavero

Istruzioni

1. Aggiungi 1 tazza e ¼ di acqua alla base del tuo Instant Pot. Disporre i broccoli e le carote in un cestello per la cottura a vapore e trasferirli nella Instant Pot.
2. Chiudere il coperchio, scegliere la modalità "Manuale" e cuocere per 3 minuti ad alta pressione. A cottura ultimata, utilizzare uno sgancio rapido; rimuovere con attenzione il coperchio.
3. Condire le verdure con sale, pepe di Caienna e pepe bianco macinato.
4. Nel frattempo, in una ciotola, unire il burro di arachidi, l'acqua, l'aceto e i semi di papavero.
5. Servire broccoli e carote al vapore con la salsa di arachidi a parte. Buon appetito!

Delizioso peperoncino vecchio stile

Tempo di preparazione: 15 minuti

porzioni 6

Valori Nutrizionali per porzione: 204 Calorie; 6,5 g di grasso; 27,9 g di carboidrati; 10,4 g di proteine; 6,9 g di zuccheri

ingredienti

- 2 cucchiai di olio d'oliva
- 1 cipolla rossa, tritata
- 3 spicchi d'aglio, schiacciati o spremuti
- 1 peperone rosso, tagliato a cubetti
- 1 peperone verde, tagliato a cubetti
- 1 peperone rosso, tritato
- Sale marino e pepe nero macinato a piacere
- 1 cucchiaino di pepe di Caienna
- 1/2 cucchiaino di cumino macinato
- 2 tazze di brodo vegetale
- 2 pomodori maturi, tritati
- 2 (lattine da 15 once di fagioli, scolati e sciacquati)
- 1 manciata di foglie di coriandolo fresco, tritate
- 1/2 tazza di tortilla chips

Istruzioni

1. Premi il pulsante "Sauté" per preriscaldare la tua pentola istantanea. Ora scalda l'olio fino a quando non bolle.
2. Soffriggere la cipolla morbida e traslucida. Aggiungere l'aglio, i peperoni, il sale e il pepe; continuare a soffriggere fino a quando non saranno morbide.
3. Unite ora il pepe di Caienna, il cumino, il brodo, i pomodori e i fagioli.
4. Ripara il coperchio. Scegli la modalità "Manuale" e cuoci per 10 minuti ad alta pressione. A cottura ultimata, utilizzare uno sgancio rapido; rimuovere con attenzione il coperchio.
5. Dividere i peperoni in sei ciotole; guarnire con coriandolo fresco e tortilla chips. Apprezzare!

tradizionale borsch russo

Tempo di preparazione: 15 minuti

porzioni 4

Valori Nutrizionali per porzione: 183 Calorie; 7,3 g di grasso; 22,5 g di carboidrati; 8,4 g di proteine; 7,7 g di zuccheri

ingredienti

- 1 cucchiaio e mezzo di olio d'oliva
- 1/2 tazza di cipolla, tritata
- 2 spicchi d'aglio, spremuti
- Sale kosher e pepe nero macinato a piacere
- 1/2 libbra di patate, sbucciate e tagliate a dadini
- 2 carote, tritate
- 1/2 libbra di barbabietola, sbucciata e grattugiata grossolanamente
- 2 cucchiai di aceto di vino rosso
- 1 pomodoro, tritato
- 4 tazze di brodo vegetale
- 1/2 cucchiaino di semi di cumino
- 1/4 di tazza di aneto fresco, tritato grossolanamente

Istruzioni

1. Premi il pulsante "Sauté" per preriscaldare la tua pentola istantanea. Scaldare l'olio e soffriggere la cipolla e l'aglio fino a renderli morbidi e fragranti.
2. Aggiungi gli altri ingredienti tranne l'aneto fresco.
3. Ripara il coperchio. Scegli la modalità “Manuale” e cuoci per 10 minuti ad alta pressione. A cottura ultimata utilizzare un distaccante naturale; rimuovere con attenzione il coperchio.
4. Servire la zuppa con aneto fresco tritato. Apprezzare!

Cavolo cappuccio con curry invernale

Tempo di preparazione: 20 minuti

porzioni 4

Valori Nutrizionali per porzione: 223 Calorie; 8,2 g di grasso; 33,8 g di carboidrati; 7,6 g di proteine; 15,1 g di zuccheri

ingredienti

- 2 cucchiai di olio d'oliva
- 1 porro di media grandezza, tritato
- 2 spicchi d'aglio, schiacciati
- 1 ½ kg di cavolo cappuccio, tritato
- 1 tazza di brodo vegetale
- 1 tazza di passata di pomodoro
- 1 manioca, tritata
- 2 carote, tritate
- 2 gambi di sedano, tritati
- 1 rapa, tritata
- 1/2 cucchiaio di succo di limone fresco
- 1 cucchiaino di basilico essiccato
- 1/2 cucchiaino di aneto essiccato
- 1 cucchiaino di coriandolo macinato
- 1 cucchiaino di zafferano macinato
- 1 foglia di alloro
- Sale kosher e pepe nero macinato a piacere

- 1 (lattina da 14 once di latte di cocco

Istruzioni

1. Premi il pulsante "Sauté" per preriscaldare la tua pentola istantanea. Ora scaldate l'olio e cuocete i porri e l'aglio fino a renderli morbidi e fragranti.
2. Successivamente, aggiungere gli altri ingredienti; mescolate per amalgamare bene.
3. Ripara il coperchio. Scegli la modalità “Manuale” e cuoci per 12 minuti ad alta pressione. A cottura ultimata utilizzare un distaccante naturale; rimuovere con attenzione il coperchio.
4. Versare nelle zuppiere e servire subito.

L'hummus più semplice di sempre

Tempo di preparazione: 35 minuti

porzioni 8

Valori Nutrizionali per porzione: 186 Calorie; 7,7 g di grasso; 22,8 g di carboidrati; 7,6 g di proteine; 4 g di zuccheri

ingredienti

- 10 tazze d'acqua
- 3/4 libbre di ceci secchi, ammollati
- 2 cucchiai di tahin
- 1/2 limone, spremuto
- 1 cucchiaino di aglio semolato
- Sale e pepe nero a piacere
- 1/3 cucchiaino di cumino macinato
- 1/2 cucchiaino di pepe di Caienna
- 1/2 cucchiaino di basilico essiccato
- 3 cucchiai di olio d'oliva

Istruzioni

1. Aggiungi acqua e ceci nella pentola istantanea. Ripara il coperchio.
2. Scegli la modalità "Manuale" e cuoci per 25 minuti ad alta pressione. A cottura ultimata utilizzare un rilascio naturale; rimuovere con attenzione il coperchio.
3. Scolare ora i ceci, conservando il liquido. Trasferisci i ceci in un robot da cucina. Aggiungere la tahina, il succo di limone e i condimenti.
4. Sbattere fino a ottenere una crema; Versare poco alla volta il liquido messo da parte e l'olio d'oliva fino a ottenere un composto liscio e uniforme. Servire con qualche pizzico di pepe di Caienna. Buon appetito!

Fagiolini Con Funghi Shiitake

Tempo di preparazione: 25 minuti

porzioni 4

Valori Nutrizionali per porzione: 119 Calorie; 7,6 g di grasso; 12,6 g di carboidrati; 2,6 g di proteine; 2,6 g di zuccheri

ingredienti

- 2 tazze d'acqua
- 6 funghi shiitake secchi
- 2 cucchiai di olio di sesamo
- 2 spicchi d'aglio, tritati
- 1/2 tazza di erba cipollina, tritata
- 1 ½ libbre di fagiolini, freschi o congelati (e scongelati
- 1/4 cucchiaino di pepe nero macinato
- 1/2 cucchiaino di peperoncino in scaglie, tritato
- 1 foglia di alloro
- sale marino, a piacere

Istruzioni

1. Premere il tasto “Sauté” e far bollire velocemente l'acqua; togliere dal fuoco; aggiungere i funghi shiitake secchi.
2. Lasciare riposare i funghi per 15 minuti per reidratarsi. Tagliate poi i funghi a fettine; riservate il brodo di funghi.
3. Pulisci la pentola istantanea con un canovaccio. Premi il pulsante "Sauté" per preriscaldare la tua pentola istantanea. Una volta caldo, scaldare l'olio di sesamo.
4. Quindi, soffriggere l'aglio e l'erba cipollina fino a renderli morbidi e aromatici. Aggiungere i fagiolini, il pepe nero, il peperoncino, l'alloro, il sale, i funghi messi da parte e il brodo; mescolate per amalgamare bene.
5. Ripara il coperchio. Scegli la modalità “Manuale” e cuoci per 4 minuti ad alta pressione. A cottura ultimata, utilizzare uno sgancio rapido; rimuovere con attenzione il coperchio. Servitela calda.

Curry alle lenticchie

Tempo di preparazione:: 20 minuti

Porzioni: 3

Ingredienti:

- 1 tazza di lenticchie marroni; lavato e raccolto
- 1/2 cipolla media; tritato.
- 1/2 peperone verde medio; tritato.
- 1/2 cucchiaio. olio di canola
- 1 chipotle in salsa adobo; seminato e tritato.
- 1/4 tazza di pomodoro essiccato al sole; tritato.
- 1/2 cucchiaino. polvere di cumino
- 1 spicchio d'aglio; tritato.
- 1 ½ cucchiaio. polvere di peperoncino
- 1 lattina (1/4 oz. pomodori a cubetti
- 2 tazze di brodo vegetale
- Sale; testare

Istruzioni:

1. Aggiungere la cipolla e l'olio di peperoncino nella pentola istantanea e selezionare *Sauté* per cuocere per 2 minuti
2. Mescolare aglio e peperoncino in polvere; quindi soffriggere per 1 minuto.
3. Aggiungere tutti gli altri ingredienti e chiudere il coperchio.
4. Cuocere nella funzione *Manuale* per 12 minuti ad alta pressione.
5. Quando fischia; fare un rilascio naturale per 10 minuti; quindi rilasciare il vapore rimanente con un rilascio rapido,
6. Guarnire con coriandolo tritato e formaggio cheddar grattugiato, servire.

fagioli chorizo

Tempo di preparazione:: 52 minuti

Porzioni: 3

Ingredienti:

- 1 tazza di fagioli secchi
- 1/2 cucchiaio. olio da cucina
- 2 once secco (chorizo spagnolo
- 1/2 cipolla gialla
- 1½ spicchio d'aglio
- 1 foglia di alloro
- 1/2 cucchiaino. pepe appena macinato
- 1½ tazza di brodo di pollo
- 7 once e mezzo. lattina di pomodoro a cubetti

Istruzioni:

1. Aggiungere l'olio, il chorizo, l'aglio e la cipolla nella pentola istantanea. *Soffriggere* per 5 minuti.
2. Aggiungere i fagioli, il pepe e la foglia di alloro. Cuocete per 1 minuto e aggiungete il brodo.
3. Coprire e fissare il coperchio. Ruotare la leva di rilascio della pressione in posizione di tenuta.
4. Cuocere nella funzione *Manuale* ad alta pressione per 35 minuti
5. Quando fischia; fare un rilascio naturale per 20 minuti.
6. Aggiungere i pomodorini tagliati a pezzetti e cuocere per 7 minuti a *Sauté*. Servire caldo con riso in bianco bollito o tortilla chips.

Curry Di Fagioli Bianchi

- Tempo di preparazione:: 35 minuti
- Porzioni: 6

Ingredienti:

- 1 chilo di fagioli bianchi; imbevuto e lavato
- 1/2 cucchiaino. peperoncino
- 1/2 cucchiaino. zafferano macinato
- 1 - 2 cucchiaini. sale
- 1 foglia di alloro
- 6 tazze di brodo vegetale non salato
- 1 cucchiaio. cipolla in polvere
- 2 cucchiaini. polvere d'aglio

Istruzioni:

1. Aggiungi tutti gli ingredienti a Instant Pot
2. Coprire e fissare il coperchio. Ruotare la leva di rilascio della pressione in posizione di tenuta.
3. Cuocere nella funzione *Fagioli/Chili* alle impostazioni predefinite.
4. Quando fischia; a rilascio naturale per 20 minuti, mescolate e servite caldo con riso in bianco cotto

Pollo e riso integrale

Tempo di preparazione:: 43 minuti

Porzioni: 6

Ingredienti:

- 2 kg di coscia di pollo; disossato, senza pelle
- 2 tazze di riso integrale; greggio
- 1 cipolla media
- 3 spicchi d'aglio
- 2 tazze di carote
- 2 tazze di funghi cremini
- 1 cucchiaio. olio d'oliva
- 2¼ tazze di brodo di pollo
- 1/8 cucchiaino sale
- 1/8 cucchiaino Pepe nero macinato
- 10 once la minestra; pollo mantecato, in scatola, condensato
- 2 cucchiai. salsa Worcestershire
- 1 cucchiaio. Timo fresco

Istruzioni:

1. Aggiungere l'olio, l'aglio, le verdure e le cipolle nella pentola istantanea. *Soffriggete* per 2 minuti
2. Aggiungere tutti gli altri ingredienti nella padella. Adagiare sopra i pezzi di pollo.

3. Coprire e fissare il coperchio. Ruotare la leva di rilascio della pressione in posizione di tenuta.
4. Cuocere nella funzione *Manuale* ad alta pressione per 31 minuti
5. Quando fischia; fai un rilascio naturale per 7 minuti
6. Togliere il pollo e sminuzzare la carne. Unite nuovamente la carne al riso, mescolate e servite caldo.

Riso Vegetale

Tempo di preparazione:: 27 minuti

Porzioni: 3

Ingredienti:

- 1 tazza di riso basmati; lavato
- 3 cucchiai. olio d'oliva
- 1/2 cipolla grande; a cubetti
- 1/2 tazza di peperoni verdi; tritato.
- 1/2 tazza di carote; tritato.
- 1/2 tazza di cipolle verdi; tritato.
- 1 spicchio d'aglio grande; tritato
- 1/2 tazza di piselli surgelati
- 3/4 tazza di brodo vegetale
- Sale; testare
- Pepe nero; testare

Istruzioni:

1. Aggiungi l'olio e tutte le verdure in Instant Pot e *Salta* per 7 minuti
2. Mescolare tutti gli altri ingredienti tranne il burro.
3. Coprire e fissare il coperchio. Ruotare la leva di rilascio della pressione in posizione di tenuta.
4. Cuocere nella funzione *Manuale* ad alta pressione per 5 minuti
5. Quando fischia; fare a rilascio naturale per 7 minuti, mescolare e servire caldo.

Curry di fagioli mung

Tempo di preparazione:: 35 minuti

Porzioni: 4

Ingredienti:

- 1/2 tazza di fagioli mung crudi
- 1/2 tazza di cipolla tritata
- 1 ½ cucchiaio. olio da cucina
- 1 foglia di alloro
- 1 tazza di brodo vegetale
- 1/4 cucchiaino. Curcuma
- 1/2 cucchiaino. polvere di coriandolo
- 1 cucchiaino. polvere di peperoncino
- 1/2 cucchiaio. aglio grattugiato
- 1/4 cucchiaio. zenzero grattugiato
- 3/4 tazza d'acqua
- 1 tazza di spinaci per bambini tritati
- Sale; testare

Istruzioni:

1. Aggiungere l'olio e le cipolle nella pentola istantanea. *Soffriggere* per 5 minuti
2. Mescolare lo zenzero, la pasta d'aglio e la foglia di alloro. Cuocere per 1 minuto e aggiungere tutti i condimenti

3. Aggiungere i fagioli mung, il brodo e l'acqua nella padella.
4. Coprire e fissare il coperchio. Ruotare la leva di rilascio della pressione in posizione di tenuta.
5. Cuocere nella funzione *Manuale* ad alta pressione per 15 minuti
6. Quando fischia; fare un rilascio naturale per 20 minuti
7. Aggiungere gli spinaci e cuocere per 3 minuti a *Sauté*. Servire caldo con riso in bianco bollito,

Riso messicano

Tempo di preparazione:: 21 minuti

Porzioni: 3

Ingredienti:

- 1 tazza di riso bianco a grana lunga
- 1 cucchiaio. olio di avocado
- 1/4 tazza di cipolla; tritato.
- 2 spicchi d'aglio; tritato.
- 1/2 cucchiaino. sale
- 2 cucchiai. pomodorini schiacciati
- 2 cucchiai. coriandolo; tritato.
- 2 cucchiai. pomodori secchi
- 2 tazze di brodo di pollo
- 1/4 cucchiaino. cumino
- 1/4 cucchiaino. polvere d'aglio
- 1/4 cucchiaino. paprika affumicata

Istruzioni:

1. Aggiungere l'olio, la cipolla e l'aglio nella pentola istantanea. *Soffriggere* per 3 minuti.
2. Aggiungere il riso e mescolare bene con la cipolla.
3. Aggiungere tutti gli altri ingredienti nella padella.
4. Coprire e fissare il coperchio. Ruota la leva di rilascio della pressione in posizione di tenuta
5. Cuocere nella funzione *Manuale* ad alta pressione per 8 minuti.
6. Quando fischia; fare un rilascio naturale, mescolare e servire caldo.

Riso Piselli E Mais

Tempo di preparazione:: 13 minuti

Porzioni: 3

Ingredienti:

- 1/2 tazza di piselli surgelati
- 1 tazza di riso basmati; lavato
- 1 ½ cucchiaio. olio d'oliva
- 1/2 cipolla grande; a cubetti
- Sale; testare
- 1 ½ cucchiaio. gambi di coriandolo tritati
- 1 spicchio d'aglio grande; tritato
- 1/2 cucchiaino. polvere di curcuma
- 1/2 tazza di mais dolce congelato
- 3/4 tazza di brodo di pollo
- 1 dose di burro

Istruzioni:

1. Aggiungere l'olio e le cipolle nella pentola istantanea e *Soffriggere* per 5 minuti
2. Mescolare tutti gli altri ingredienti tranne il burro
3. Coprire e fissare il coperchio. Ruotare la leva di rilascio della pressione in posizione di tenuta.
4. Cuocere nella funzione *Manuale* ad alta pressione per 3 minuti
5. Quando fischia; fai un rilascio naturale per 7 minuti.
6. Aggiungere il burro e farlo sciogliere nel riso, servire caldo.

Risotto Di Lenticchie

Tempo di preparazione:: 30 minuti

Porzioni: 2

Ingredienti:

- 1/2 tazza di lenticchie secche; imbevuto per una notte
- 1 spicchio d'aglio; leggermente accartocciato
- 2 tazze di brodo vegetale
- 1/2 cucchiaio. olio d'oliva
- 1/2 cipolla media; tritato.
- 1/2 gambo di sedano; tritato.
- 1 mazzetto di prezzemolo; tritato.
- 1/2 tazza di Arborio (riso italiano a grana corta)

Istruzioni:

1. Aggiungere l'olio e le cipolle nella pentola istantanea e *Soffriggere* per 5 minuti.
2. Aggiungi tutti gli ingredienti rimanenti a Instant Pot.
3. Coprire e fissare il coperchio. Ruota la leva di rilascio della pressione in posizione di tenuta
4. Cuocere nella funzione *Manuale* ad alta pressione per 15 minuti
5. Quando fischia; a rilascio naturale per 20 minuti, mescolate e servite caldo con riso in bianco cotto

riso al coriandolo

Tempo di preparazione:: 21 minuti

Porzioni: 6

Ingredienti:

- 1⅓ tazza di riso bianco
- 1/2 cucchiaio. Burro
- 1/2 cipolla gialla; a cubetti
- 1 spicchio d'aglio; tritato
- 2 tazze d'acqua
- 1/2 cucchiaio. Brodo di pollo
- 1/2 tazza di piselli
- 1/2 cucchiaino. cumino
- 2 once può peperoni verdi
- 1/4 mazzetto di coriandolo; tritato.
- 3/4 cucchiaini succo di limone fresco
- Sale; testare

Istruzioni:

1. Aggiungere l'olio, la cipolla e l'aglio nella pentola istantanea e *Saltare* per 4 minuti.
2. Aggiungere tutti gli altri ingredienti nella padella
3. Coprire e fissare il coperchio. Ruota la leva di rilascio della pressione in posizione di tenuta
4. Cuocere nella funzione *Manuale* ad alta pressione per 7 minuti.
5. Quando fischia; fare un rilascio naturale e aprire il coperchio della pentola istantanea. Guarnire con coriandolo fresco e servire.

Risotto alle mandorle

Tempo di preparazione:: 15 minuti

Porzioni: 3

Ingredienti:

- 1/2 tazza di Arborio (riso italiano a grana corta)
- 2 tazze di latte di mandorle alla vaniglia
- 2 cucchiai. sciroppo di agave
- 1 cucchiaino. estratto di vaniglia
- 1/4 di tazza di scaglie di mandorle tostate

Istruzioni:

1. Aggiungi tutti gli ingredienti a Instant Pot.
2. Coprire e fissare il coperchio. Ruota la leva di rilascio della pressione in posizione di tenuta
3. Cuocere nella funzione *Manuale* ad alta pressione per 5 minuti
4. Quando fischia; a rilascio naturale per 20 minuti, decorare con scaglie di mandorle e servire.

burrito di fagioli neri

Tempo di preparazione:: 22 minuti

Porzioni: 4

Ingredienti:

- 1/2 cucchiaio. olio d'oliva
- 1/2 cipolla piccola; a cubetti
- 1/2 lattina di fagioli neri; lavato
- 1/2 tazza di riso bianco a grana lunga; greggio
- 1/2 tazza di prezzemolo
- 1 tazza di brodo di pollo
- 1/2 spicchio d'aglio; tritato
- 1/2 cucchiaino. polvere di peperoncino
- 1/4 cucchiaino. sale kosher
- 3/4 libbre senza ossa; cosce di pollo senza pelle, tagliate a pezzi da 1 pollice
- 2 cucchiai. coriandolo tritato
- 2 cucchiai. Formaggio cheddar

Istruzioni:

1. Aggiungere la cipolla e l'olio all'aglio nella pentola istantanea e selezionare *Sauté* per cuocere per 2 minuti.
2. Aggiungere tutti gli altri ingredienti e chiudere il coperchio.
3. Cuocere nella funzione *Manuale* per 10 minuti ad alta pressione
4. Quando fischia; fare un rilascio naturale per 10 minuti; quindi rilasciare il vapore rimanente con un rilascio rapido
5. Guarnire con coriandolo tritato e cheddar grattugiato. Servire.

Curry di fagioli rossi

Tempo di preparazione:: 34 minuti

Porzioni: 4

Ingredienti:

- 1/2 tazza di fagioli rossi crudi
- 1 ½ cucchiaio. olio da cucina
- 1/2 tazza di cipolla tritata
- 1 foglia di alloro
- 1/2 cucchiaio. aglio grattugiato
- 1/4 cucchiaio. zenzero grattugiato
- 3/4 tazza d'acqua
- 1 tazza di passata di pomodoro fresca
- 1/2 peperone verde; tritato.
- 1/4 cucchiaino. Curcuma
- 1/2 cucchiaino. polvere di coriandolo
- 1 cucchiaino. polvere di peperoncino
- 1 tazza di spinaci per bambini tritati
- Sale; testare
- 1/2 tazza di coriandolo fresco

Istruzioni:

1. Aggiungere l'olio e le cipolle nella pentola istantanea. *Soffriggere* per 5 minuti
2. Mescolare lo zenzero, la pasta d'aglio, il peperone verde e la foglia di alloro. Cuocere per 1 minuto e aggiungere tutti i condimenti
3. Aggiungere nella padella i fagioli rossi, la passata di pomodoro e l'acqua.
4. Coprire e fissare il coperchio. Ruotare la leva di rilascio della pressione in posizione di tenuta.
5. Cuocere nella funzione *Manuale* ad alta pressione per 15 minuti
6. Quando fischia; fare un rilascio naturale per 20 minuti
7. Aggiungere gli spinaci e cuocere per 3 minuti a *Sauté*. Servire caldo con riso in bianco bollito.

Riso Di Ceci

Tempo di preparazione:: 48 minuti

Porzioni: 8

Ingredienti:

- 4½ tazze di riso integrale; lavato e sgocciolato
- 1/2 tazza di ceci; imbevuto
- 8 strisce di pancetta; tritato.
- 4 cucchiai olio da cucina
- 2 cipolle; tritato
- 6 tazze di brodo vegetale
- 1/2 tazza di coriandolo tritato

Istruzioni:

1. Aggiungere l'olio e la cipolla nella pentola istantanea. *Soffriggete* per 3 minuti
2. Mescolare la pancetta. Soffriggere per 5 minuti
3. Aggiungere tutti gli altri ingredienti nella padella.
4. Coprire e fissare il coperchio. Ruotare la leva di rilascio della pressione in posizione di tenuta.
5. Cuocere nella funzione *Manuale* ad alta pressione per 30 minuti
6. Quando fischia; fare un rilascio naturale e aprire il coperchio della pentola istantanea. Mescolate e servite caldo.

Risotto al finocchio

Tempo di preparazione:: 29 minuti

Porzioni: 3

Ingredienti:

- 1/4 di finocchio medio; a cubetti
- 1/2 cipolla marrone medio; tritato
- 1 cucchiaio. olio d'oliva
- 1/4 mazzetto di asparagi; a cubetti
- 1/4 cucchiaino. sale
- 1 spicchio d'aglio; tritato.
- 1 tazza di riso per risotto all'arborio
- 1 tazza di brodo vegetale
- 1 tazza di brodo di pollo
- 1 cucchiaio. Burro
- 3 cucchiai. vino bianco
- Scorza di 1/4 di limone
- 1/4 tazza di parmigiano grattugiato

Istruzioni:

1. Aggiungere l'olio, la cipolla, il finocchio e gli asparagi in Instant Pot e *Saltare* per 4 minuti.
2. Aggiungere tutti gli altri ingredienti (tranne il formaggio sul fuoco).
3. Coprire e fissare il coperchio. Ruota la leva di rilascio della pressione in posizione di tenuta
4. Cuocere nella funzione *Manuale* ad alta pressione per 10 minuti.
5. Quando fischia; fare un rilascio naturale e aprire il coperchio della pentola istantanea. Mescolare il formaggio e servire.

Salsa di fagioli neri

Tempo di preparazione:: 35 minuti

Porzioni: 6

Ingredienti:

- 1 libbra di fagioli neri; ordinato e lavato
- 1/2 cucchiaino. peperoncino
- 1/2 cucchiaino. zafferano macinato
- 6 tazze di brodo vegetale non salato
- 1 cucchiaio. cipolla in polvere
- 2 cucchiaini. polvere d'aglio
- 1 cucchiaino. sale
- 1 foglia di alloro

Istruzioni:

1. Aggiungi tutti gli ingredienti a Instant Pot.
2. Coprire e fissare il coperchio. Ruota la leva di rilascio della pressione in posizione di tenuta
3. Cuocere nella funzione *Fagioli/Chili* alle impostazioni predefinite.
4. Quando fischia; a rilascio naturale per 20 minuti, mescolate e servite caldo con riso in bianco cotto

Risotto ai funghi

Tempo di preparazione:: 30 minuti

Porzioni: 2

Ingredienti:

- 1/2 tazza di funghi cremini; affettato
- 1/2 tazza di Arborio (riso italiano a grana corta)
- 1/2 cucchiaio. olio d'oliva
- 1/2 cipolla media; tritato.
- 1 spicchio d'aglio; leggermente accartocciato
- 2 tazze di brodo vegetale
- 1/2 gambo di sedano; tritato.
- 1 mazzetto di prezzemolo; tritato.

Istruzioni:

1. Aggiungere l'olio e le cipolle nella pentola istantanea e *Soffriggere* per 5 minuti
2. Aggiungi tutti gli ingredienti rimanenti a Instant Pot.
3. Coprire e fissare il coperchio. Ruota la leva di rilascio della pressione in posizione di tenuta
4. Cuocere nella funzione *Manuale* ad alta pressione per 15 minuti
5. Quando fischia; fare a rilascio naturale per 20 minuti, mescolare e servire caldo con riso in bianco cotto.

Stufato Di Lenticchie E Spinaci

Tempo di preparazione:: 34 minuti

Porzioni: 4

Ingredienti:

- 1 tazza di spinaci per bambini tritati
- 1/2 tazza di lenticchie crude
- 1 ½ cucchiaio. olio da cucina
- 1/2 tazza di cipolla tritata
- 1 foglia di alloro
- 1/2 cucchiaio. aglio grattugiato
- 1/4 cucchiaio. zenzero grattugiato
- 3/4 tazza d'acqua
- 1 tazza di passata di pomodoro fresca
- 1/2 peperone verde; tritato.
- 1/4 cucchiaino. Curcuma
- 1/2 cucchiaino. polvere di coriandolo
- 1 cucchiaino. polvere di peperoncino
- Sale; testare
- 1/2 tazza di coriandolo fresco

Istruzioni:

1. Aggiungere l'olio e le cipolle nella pentola istantanea. *Soffriggere* per 5 minuti.
2. Mescolare lo zenzero, la pasta d'aglio e la foglia di alloro. Cuocere per 1 minuto e aggiungere tutti i condimenti
3. Aggiungere le lenticchie, la passata di pomodoro e l'acqua nella padella.
4. Coprire e fissare il coperchio. Ruotare la leva di rilascio della pressione in posizione di tenuta.
5. Cuocere nella funzione *Manuale* ad alta pressione per 15 minuti.
6. Quando fischia; fare un rilascio naturale per 20 minuti
7. Aggiungere gli spinaci e cuocere per 3 minuti a *Sauté*. Servire caldo con riso in bianco bollito.

Chorizo Di Fagioli Rossi

Tempo di preparazione:: 52 minuti

Porzioni: 3

Ingredienti:

- 1 tazza di fagioli rossi; imbevuto e lavato
- pepe appena macinato
- 1/2 cucchiaio. olio da cucina
- 2 once secco (chorizo spagnolo
- 1/2 cipolla gialla
- 1½ spicchio d'aglio
- 1 foglia di alloro
- 1 ½ tazze di brodo di pollo a ridotto contenuto di sodio
- 7 once e mezzo. lattina di pomodoro a cubetti

Istruzioni:

1. Aggiungere l'olio, il chorizo, l'aglio e la cipolla nella pentola istantanea. *Soffriggere* per 5 minuti.
2. Aggiungere i fagioli, il pepe e la foglia di alloro. Cuocere per 1 minuto; quindi aggiungere il brodo
3. Coprire e fissare il coperchio. Ruotare la leva di rilascio della pressione in posizione di tenuta.
4. Cuocere nella funzione *Manuale* ad alta pressione per 35 minuti
5. Quando fischia; fai un rilascio naturale per 20 minuti.
6. Aggiungere i pomodorini tagliati a pezzetti e cuocere per 7 minuti a *Sauté*. Servire caldo con riso in bianco bollito o tortilla chips.

risotto al cocco

Tempo di preparazione:: 15 minuti

Porzioni: 3

Ingredienti:

- 1/2 tazza di Arborio (riso italiano a grana corta)
- 2 tazze di latte di cocco
- 2 cucchiai. zucchero di cocco
- 1/4 tazza di scaglie di cocco tostato
- 1 cucchiaino. estratto di vaniglia

Istruzioni:

1. Aggiungi tutti gli ingredienti a Instant Pot. Coprire e fissare il coperchio. Ruotare la leva di rilascio della pressione in posizione di tenuta.
2. Cuocere nella funzione *Manuale* ad alta pressione per 5 minuti
3. Quando fischia; a rilascio naturale per 20 minuti, decorare con scaglie di cocco e servire.

Riso Di Patate

Tempo di preparazione:: 15 minuti

Porzioni: 3

Ingredienti:

- 3 patate medie; a cubetti
- 1 tazza di riso basmati; lavato
- 1 ½ cucchiaio. olio d'oliva
- 1/2 cipolla grande; a cubetti
- 1 ½ cucchiaio. gambi di coriandolo tritati
- 1 spicchio d'aglio grande; tritato
- 1/2 cucchiaino. polvere di curcuma
- 1 tazza di brodo di pollo
- 1 cucchiaino. Burro
- Sale; testare

Istruzioni:

1. Aggiungere l'olio e tutte le verdure nella Instant Pot e *Saltare* per 5 minuti.
2. Mescolare tutti gli altri ingredienti tranne il burro.
3. Coprire e fissare il coperchio. Ruotare la leva di rilascio della pressione in posizione di tenuta.
4. Cuocere nella funzione *Manuale* ad alta pressione per 5 minuti.
5. Quando fischia; fai un rilascio naturale per 7 minuti
6. Aggiungere il burro e farlo sciogliere nel riso, servire caldo.

Curry Di Senape

Servizio: 4

Tempo di preparazione: 10 minuti

Tempo di cottura: 14 minuti

ingredienti

- ½ tazza di ketchup
- ½ cucchiaio di olio d'oliva
- 2 cucchiai di melassa
- 2 cucchiaini di senape in polvere
- ¼ cucchiaino di pepe nero macinato
- 1 ½ fette di pancetta, tritate
- ½ cipolla media, tritata
- ½ peperone verde piccolo, tritato
- 1 ½ barattolo di fagioli di mare, lavati e scolati
- 1 cucchiaino di aceto di mele
- 2 cucchiai di coriandolo tritato (guarnire

Istruzioni

1. Seleziona la funzione "Sauté" sulla tua Instant Pot e aggiungi l'olio con cipolle, pancetta e peperoni. Cuocere per 6 minuti.
2. Aggiungere tutti gli altri ingredienti e chiudere il coperchio.
3. Cuocere nella funzione "Manuale" per 8 minuti ad alta pressione.
4. Dopo il segnale acustico, eseguire un rilascio naturale per 10 minuti, quindi rilasciare il vapore rimanente con un rilascio rapido.
5. Guarnire con coriandolo tritato in cima.
6. Servire.

Valori nutrizionali per porzione:

Calorie: 373

Carboidrati: 64,5 g

Proteine: 21,2 g

Grasso: 4,7 g

Zucchero: 16,1 g

Sodio: 507 mg

Curry Di Fagioli Bianchi

Servizio: 4

Tempo di preparazione: 5 minuti

Tempo di cottura: 30 minuti

ingredienti

- 1 libbra di fagioli bianchi, ammollati e sciacquati
- ½ cucchiaino di peperoncino
- ½ cucchiaino di curcuma macinata
- 1 cucchiaio di cipolla in polvere
- 2 cucchiaini di aglio in polvere
- 1-2 cucchiaini di sale
- 1 foglia di alloro
- 6 tazze di brodo vegetale non salato
- Riso bianco cotto per servire

Istruzioni

1. Aggiungi tutti gli ingredienti elencati, tranne il riso bianco, nella pentola istantanea.
2. Coprire e fissare il coperchio. Ruotare la leva di rilascio della pressione in posizione di tenuta.
3. Cuocere nella funzione "Fagioli/Peperoncino" nelle impostazioni predefinite.
4. Dopo il segnale acustico, eseguire un rilascio naturale per 20 minuti.

5. Mescolare e servire caldo con riso in bianco cotto.

Valori nutrizionali per porzione:

Calorie: 286

Carboidrati: 54,1 g

Proteine: 19,1 g

Grasso: 1,2 g

Zucchero: 5,2 g

Sodio: 612 mg

Riso Piselli E Mais

Servizio: 3

Tempo di preparazione: 5 minuti

Tempo di cottura: 8 minuti

ingredienti

- 1 tazza di riso basmati, lavato
- 1 cucchiaio e mezzo di olio d'oliva
- ½ cipolla grande, tagliata a dadini piccoli
- sale, a piacere
- 1 ½ cucchiaio di gambi di coriandolo tritati
- 1 spicchio d'aglio grande, tritato finemente
- ½ cucchiaino di curcuma in polvere
- ½ tazza di chicchi di mais dolce congelati
- ½ tazza di piselli surgelati
- ¾ tazza di brodo di pollo
- 1 dose di burro

Istruzioni

1. Aggiungere l'olio e le cipolle nella pentola istantanea e far rosolare per 5 minuti.
2. Mescolare tutti gli altri ingredienti tranne il burro.
3. Coprire e fissare il coperchio. Ruotare la leva di rilascio della pressione in posizione di tenuta.

4. Cuocere nella funzione “Manuale” ad alta pressione per 3 minuti.
5. Dopo il segnale acustico, eseguire un rilascio naturale per 7 minuti.
6. Aggiungere il burro e farlo sciogliere nel riso.
7. Servitela calda.

Valori nutrizionali per porzione:

Calorie: 356

Carboidrati: 61,3 g

Proteine: 7,1 g

Grasso: 9,2 g

Zucchero: 3,6 g

Sodio: 363 mg

Paella di gamberi e riso

Servizio: 8

Tempo di preparazione: 10 minuti

Tempo di cottura: 10 minuti

ingredienti

- 32 once gamberi selvatici congelati
- 16 once riso jasmine
- 4 once. Burro
- 4 once. prezzemolo fresco tritato
- 2 cucchiaini di sale marino
- ½ cucchiaino di pepe nero
- 2 pizzichi di peperoncino tritato
- 2 limoni medi, spremuti
- 2 pizzichi di zafferano
- 24 once Brodo di pollo
- 8 spicchi d'aglio, tritati

Istruzioni

1. Aggiungi tutti gli ingredienti a Instant Pot.
2. Adagiare sopra i gamberi.
3. Coprire e fissare il coperchio. Ruotare la leva di rilascio della pressione in posizione di tenuta.
4. Cuocere nella funzione "Manuale" ad alta pressione per 10 minuti.

5. Dopo il segnale acustico, eseguire un rilascio naturale per 7 minuti.
6. Se necessario, togliere i gusci dai gamberi, quindi aggiungere nuovamente i gamberi al riso.
7. Mescolate e servite caldo.

Valori nutrizionali per porzione:

Calorie: 437

Carboidrati: 49,1 g

Proteine: 30,6 g

Grassi: 13,7 g

Zucchero: 0,8 g

Sodio: 1086 mg

Fagioli Neri Con Chorizo

Servizio: 3

Tempo di preparazione: 5 minuti

Tempo di cottura: 47 minuti

ingredienti

- ½ cucchiaio di olio da cucina
- 2 once secco (chorizo spagnolo
- ½ cipolla gialla
- 1 ½ spicchio d'aglio
- 1 tazza di fagioli neri, ammollati e lavati
- 1 foglia di alloro
- ½ cucchiaino di pepe macinato
- 1 ½ tazze di brodo di pollo a basso contenuto di sodio
- 1 tazza (7,1 once di pomodori, tagliati a dadini
- Riso bianco cotto o tortilla chips per servire

Istruzioni

1. Aggiungere l'olio, il chorizo, l'aglio e la cipolla nella pentola istantanea. "Soffriggere" per 5 minuti.
2. Aggiungere i fagioli, il pepe e la foglia di alloro. Cuocere per 1 minuto e aggiungere il brodo di pollo.
3. Coprire e fissare il coperchio. Ruotare la leva di rilascio della pressione in posizione di tenuta.

4. Cuocere nella funzione “Manuale” ad alta pressione per 35 minuti.
5. Dopo il segnale acustico, eseguire un rilascio naturale per 15-20 minuti.
6. Aggiungere i pomodorini tagliati a pezzetti e cuocere per 7 minuti a “Sauté”.
7. Servire caldo con riso in bianco bollito o tortilla chips.

Valori nutrizionali per porzione:

Calorie: 324

Carboidrati: 48,8 g

Proteine: 21,3 g

Grasso: 5,6 g

Zucchero: 5,3 g

Sodio: 647 mg

Riso al pollo

Servizio: 6

Tempo di preparazione: 10 minuti

Tempo di cottura: 33 minuti

ingredienti

- 1 cipolla media
- 3 spicchi d'aglio
- 2 tazze di carote
- 2 tazze di funghi cremini
- 2 tazze di riso integrale, crudo
- 1 cucchiaio di olio d'oliva
- 2 ¼ tazze di brodo di pollo
- 2 libbre. coscia di pollo, disossata, senza pelle
- ⅛ cucchiaino di sale
- ⅛ cucchiaino di pepe nero macinato
- 10 once zuppa, pollo mantecato, in scatola, condensato
- 2 cucchiai di salsa Worcestershire
- 1 cucchiaio di timo fresco

Istruzioni

1. Aggiungere l'olio, l'aglio, le verdure e le cipolle nella pentola istantanea. "Soffriggere" per 2 minuti.
2. Aggiungere tutti gli altri ingredienti nella padella. Adagiare sopra i pezzi di pollo.

3. Coprire e fissare il coperchio. Ruotare la leva di rilascio della pressione in posizione di tenuta.
4. Cuocere nella funzione “Manuale” ad alta pressione per 31 minuti.
5. Dopo il segnale acustico, eseguire un rilascio naturale per 7 minuti.
6. Togliere il pollo e sminuzzare la carne. Aggiungere nuovamente la carne al riso.
7. Mescolate e servite caldo.

Valori nutrizionali per porzione:

Calorie: 606

Carboidrati: 58,8 g

Proteine: 52,4 g

Grassi: 16,6 g

Zucchero: 4,7 g

Sodio: 897 mg

Risotto ai funghi

Servizio: 2

Tempo di preparazione: 10 minuti

Tempo di cottura: 20 minuti

ingredienti

- ½ tazza di funghi cremini, affettati
- ½ cucchiaio di olio d'oliva
- ½ cipolla media, tritata
- ½ gambo di sedano, tritato
- 1 rametto di prezzemolo, tritato
- ½ tazza di Arborio (riso italiano a grana corta)
- 1 spicchio d'aglio, leggermente schiacciato
- 2 tazze di brodo vegetale

Istruzioni

1. Aggiungere l'olio e le cipolle nella pentola istantanea e far rosolare per 5 minuti.
2. Aggiungi tutti gli ingredienti rimanenti a Instant Pot.
3. Coprire e fissare il coperchio. Ruotare la leva di rilascio della pressione in posizione di tenuta.
4. Cuocere nella funzione "Manuale" ad alta pressione per 15 minuti.
5. Dopo il segnale acustico, eseguire un rilascio naturale per 20 minuti.

6. Mescolate e servite caldo.

Valori nutrizionali per porzione:

Calorie: 226

Carboidrati: 42,7 g

Proteine: 4,4 g

Grasso: 3,9 g

Zucchero: 2,3 g

Sodio: 59 mg

Riso messicano

Servizio: 3

Tempo di preparazione: 10 minuti

Tempo di cottura: 11 minuti

ingredienti

- 1 cucchiaio di olio di avocado
- ¼ tazza di cipolla, tritata
- 2 spicchi d'aglio, tritati finemente
- 1 tazza di riso bianco a grana lunga
- ½ cucchiaino di sale
- 2 cucchiai di pomodoro schiacciato
- 2 tazze di brodo di pollo
- ¼ cucchiaino di cumino
- ¼ cucchiaino di aglio in polvere
- ¼ cucchiaino di paprika affumicata
- 2 cucchiai di coriandolo, tritato
- 2 cucchiai di pomodoro secco

Istruzioni

1. Aggiungere l'olio, la cipolla e l'aglio nella pentola istantanea. "Soffriggere" per 3 minuti.
2. Aggiungere il riso e mescolare bene con la cipolla.
3. Aggiungere tutti gli altri ingredienti nella padella.

4. Coprire e fissare il coperchio. Ruotare la leva di rilascio della pressione in posizione di tenuta.
5. Cuocere nella funzione “Manuale” ad alta pressione per 8 minuti.
6. Dopo il segnale acustico, esegui un rilascio naturale.
7. Mescolate e servite caldo.

Valori nutrizionali per porzione:

Calorie: 252

Carboidrati: 53,1 g

Proteine: 5,6 g

Grasso: 1,5 g

Zucchero: 1,9 g

Sodio: 922 mg

riso di manzo

Servizio: 3

Tempo di preparazione: 5 minuti

Tempo di cottura: 16 minuti

ingredienti

- ½ cucchiaio di olio d'oliva
- ½ kg di carne macinata magra
- ½ tazza di cipolla rossa tritata
- ½ cucchiaino di peperoncino in polvere
- ¼ cucchiaino di cumino macinato
- ¼ cucchiaino di sale
- ½ tazza di riso bianco a grana lunga, ben lavato e scolato
- 1 tazza d'acqua
- 1 tazza di prezzemolo denso
- 1 tazza di fagioli neri, lavati e scolati
- ½ tazza di mais bollito
- 1 cucchiaio di coriandolo fresco tritato per guarnire (facoltativo

Istruzioni

1. Aggiungere l'olio e la cipolla nella pentola istantanea. "Soffriggere" per 3 minuti.

2. Mescolare la carne, il cumino, il sale e il pepe in polvere. Soffriggere per 5 minuti.
3. Aggiungere tutti gli altri ingredienti nella padella.
4. Coprire e fissare il coperchio. Ruotare la leva di rilascio della pressione in posizione di tenuta.
5. Cuocere nella funzione “Manuale” ad alta pressione per 8 minuti.
6. Dopo il segnale acustico, effettuare un rilascio naturale e rimuovere il tappo.
7. Mescolate e servite caldo.

Valori nutrizionali per porzione:

Calorie: 378

Carboidrati: 43,5 g

Proteine: 31,6 g

Grasso: 8,8 g

Zucchero: 5 g

Sodio: 868 mg

risotto al cavolfiore

Servizio: 8

Tempo di preparazione: 10 minuti

Tempo di cottura: 33 minuti

ingredienti

- 2 piccole teste di cavolfiore, tagliate a pezzi
- 6 cucchiai di olio d'oliva, divisi
- Sale e pepe nero macinato fresco a piacere
- 1 tazza di parmigiano grattugiato fresco, diviso
- 2 cucchiai di olio d'oliva
- 2 cipolle grandi, tagliate a cubetti
- 4 spicchi d'aglio, tritati
- 2 tazze di orzo
- 6 tazze di brodo vegetale o di pollo
- 4 rametti di timo
- 2 cucchiai di burro
- 4 cucchiai di prezzemolo fresco tritato per guarnire (facoltativo

Istruzioni

1. Aggiungere l'olio, l'aglio e la cipolla nella pentola istantanea. "Soffriggere" per 3 minuti.
2. Aggiungere i pezzi di cavolfiore e far saltare per 5 minuti.

3. Aggiungere tutti gli altri ingredienti nella padella, tranne il formaggio e il burro.
4. Coprire e fissare il coperchio. Ruotare la leva di rilascio della pressione in posizione di tenuta.
5. Cuocere nella funzione "Manuale" ad alta pressione per 25 minuti.
6. Dopo il segnale acustico, effettuare un rilascio naturale e rimuovere il tappo.
7. Aggiungere il burro e il formaggio.
8. Servitela calda.

Valori nutrizionali per porzione:

Calorie: 372

Carboidrati: 48,2 g

Proteine: 8,4 g

Grasso: 18,8 g

Zucchero: 1 g

Sodio: 69 mg

Riso Di Mais E Verdure

Servizio: 3

Tempo di preparazione: 5 minuti

Tempo di cottura: 12 minuti

ingredienti

- 1 tazza di riso basmati, lavato
- 1 cucchiaio e mezzo di olio d'oliva
- ½ cipolla grande, tagliata a dadini piccoli
- sale, a piacere
- 1 ½ cucchiaio di gambi di coriandolo tritati
- 1 spicchio d'aglio grande, tritato finemente
- ½ cucchiaino di curcuma in polvere
- ½ tazza di chicchi di mais dolce congelati
- ½ tazza di carote, tritate
- ¼ tazza di cipolle verdi, tritate
- ¼ tazza di peperone, tritato
- ½ tazza di piselli surgelati
- 1 tazza di brodo di pollo
- Un po' di burro, per finire

Istruzioni

1. Aggiungere l'olio e tutte le verdure nella Instant Pot e far saltare per 5 minuti.
2. Mescolare tutti gli altri ingredienti tranne il burro.

3. Coprire e fissare il coperchio. Ruotare la leva di rilascio della pressione in posizione di tenuta.
4. Cuocere nella funzione “Manuale” ad alta pressione per 7 minuti.
5. Dopo il segnale acustico, eseguire un rilascio naturale per 7 minuti.
6. Aggiungere il burro e farlo sciogliere nel riso.
7. Servitela calda.

Valori nutrizionali per porzione:

Calorie: 423

Carboidrati: 66 g

Proteine: 7,8 g

Grassi: 14,9 g

Zucchero: 5,9 g

Sodio: 298 mg

Riso Di Patate Gialle

Servizio: 3

Tempo di preparazione: 5 minuti

Tempo di cottura: 12 minuti

ingredienti

- 1 tazza di riso basmati, lavato
- 1 cucchiaio e mezzo di olio d'oliva
- ½ cipolla grande, tagliata a dadini piccoli
- sale, a piacere
- 3 patate medie tagliate a cubetti
- 1 ½ cucchiaio di gambi di coriandolo tritati
- 1 spicchio d'aglio grande, tritato finemente
- ½ cucchiaino di curcuma in polvere
- 1 tazza di brodo di pollo
- 1 cucchiaino di burro

Istruzioni

1. Aggiungere l'olio e tutte le verdure nella Instant Pot e far saltare per 5 minuti.
2. Mescolare tutti gli altri ingredienti tranne il burro.
3. Coprire e fissare il coperchio. Ruotare la leva di rilascio della pressione in posizione di tenuta.
4. Cuocere nella funzione "Manuale" ad alta pressione per 7 minuti.

5. Dopo il segnale acustico, eseguire un rilascio naturale per 7 minuti.
6. Aggiungere il burro e farlo sciogliere nel riso.
7. Servitela calda.

Valori nutrizionali per porzione:

Calorie: 466

Carboidrati: 86,1 g

Proteine: 9 g

Grasso: 9,2 g

Zucchero: 3,9 g

Sodio: 339 mg

Curry di fagioli mung

Servizio: 4

Tempo di preparazione: 10 minuti

Tempo di cottura: 25 minuti

ingredienti

- ½ tazza di fagioli mung crudi
- 1 cucchiaio e mezzo di olio da cucina
- ½ tazza di cipolla tritata
- 1 foglia di alloro
- ½ cucchiaio di aglio grattugiato
- ¼ cucchiaio di zenzero grattugiato
- ¾ bicchiere d'acqua
- 1 tazza di brodo vegetale
- ¼ cucchiaino di curcuma
- ½ cucchiaino di coriandolo in polvere
- 1 cucchiaino di peperoncino in polvere
- 1 tazza di spinaci per bambini tritati
- sale, a piacere
- Riso bianco cotto per servire

Istruzioni

1. Aggiungere l'olio e le cipolle nella pentola istantanea. "Soffriggere" per 5 minuti.

2. Aggiungere lo zenzero, la pasta d'aglio e la foglia di alloro. Cuocere per 1 minuto e aggiungere tutti i condimenti.
3. Aggiungere i fagioli mung, il brodo e l'acqua nella padella.
4. Coprire e fissare il coperchio. Ruotare la leva di rilascio della pressione in posizione di tenuta.
5. Cuocere nella funzione “Manuale” ad alta pressione per 15 minuti.
6. Dopo il segnale acustico, eseguire un rilascio naturale per 20 minuti.
7. Aggiungere gli spinaci e cuocere per 3 minuti a “Sauté”.
8. Servire caldo con riso in bianco bollito.

Valori nutrizionali per porzione:

Calorie: 158

Carboidrati: 19,2 g

Proteine: 8 g

Grasso: 5,9 g

Zucchero: 2,6 g

Sodio: 248 mg

tacos di ceci

Servizio: 6

Tempo di preparazione: 10 minuti

Tempo di cottura: 31 minuti

ingredienti

- ½ tazza di ceci crudi
- 1 cucchiaio e mezzo di olio da cucina
- ½ tazza di cipolla tritata
- ½ cucchiaio di aglio grattugiato
- ¼ cucchiaio di zenzero grattugiato
- ¾ bicchiere d'acqua
- ½ tazza di passata di pomodoro fresca
- ½ peperone verde, tritato finemente
- ¼ cucchiaino di curcuma
- ½ cucchiaino di coriandolo in polvere
- 1 cucchiaino di peperoncino in polvere
- ½ carota, grattugiata
- ½ tazza di peperoni verdi, affettati
- sale, a piacere
- 1 cucchiaio di coriandolo fresco per guarnire (facoltativo
- 6 tortillas

Istruzioni

1. Aggiungere l'olio e le cipolle nella pentola istantanea. "Soffriggere" per 5 minuti.
2. Aggiungere lo zenzero, la pasta d'aglio e il peperone verde. Cuocere per 1 minuto e aggiungere tutti i condimenti.
3. Aggiungere nella padella i ceci, la passata di pomodoro e l'acqua.
4. Coprire e fissare il coperchio. Ruotare la leva di rilascio della pressione in posizione di tenuta.
5. Cuocere nella funzione "Manuale" ad alta pressione per 15 minuti.
6. Dopo il segnale acustico, eseguire un rilascio naturale per 20 minuti.
7. Aggiungere la carota e il pepe grattugiati. Cuocere per 10 minuti a "Sauté".
8. Farcire le tortillas con il ripieno preparato e servire.

Valori nutrizionali per porzione:

Calorie: 165

Carboidrati: 25,7 g

Proteine: 5,3 g

Grasso: 5,3 g

Zucchero: 4,3 g

Sodio: 58 mg

Stufato Di Tre Fagioli

Servizio: 3

Tempo di preparazione: 10 minuti

Tempo di cottura: 20 minuti

ingredienti

- ½ cucchiaio di olio d'oliva
- ½ cipolla bianca media, tagliata a dadini
- ½ carota media, tagliata a cubetti
- ½ gambo di sedano, tagliato a cubetti
- 3 spicchi d'aglio, tritati finemente
- 1 foglia di alloro
- ½ cucchiaino di paprika in polvere
- ¾ cucchiaino di cumino in polvere
- ¼ cucchiaino di sale
- ⅛ cucchiaino di cannella in polvere
- ⅛ cucchiaino di peperoncino in polvere o pepe di Caienna
- ¼ tazza di fagioli neri, ammollati e lavati
- ¼ tazza di fagioli rossi, ammollati e sciacquati
- ¼ tazza di fagioli bianchi, ammollati e sciacquati
- ¼ tazza di pomodoro pelato tritato
- 2 cucchiai di succo di limone
- 2 tazze di brodo vegetale

Istruzioni

1. Aggiungere l'olio, la cipolla, il sedano e l'aglio nella pentola istantanea e far rosolare per 5 minuti.
2. Aggiungere tutti gli altri ingredienti nella padella.
3. Coprire e fissare il coperchio. Ruotare la leva di rilascio della pressione in posizione di tenuta.
4. Cuocere nella funzione "Manuale" ad alta pressione per 15 minuti.
5. Dopo il segnale acustico, effettuare un rilascio naturale e rimuovere il tappo.
6. Mescolare e servire.

Valori nutrizionali per porzione:

Calorie: 213

Carboidrati: 35,6 g

Proteine: 12 g

Grasso: 3,3 g

Zucchero: 3,6 g

Sodio: 251 mg

stufato di lenticchie di mais

Servizio: 3

Tempo di preparazione: 10 minuti

Tempo di cottura: 20 minuti

ingredienti

- ½ cipolla media, tritata
- ½ cucchiaio di olio d'oliva
- 1 carota media, affettata
- 3 ½ tazze d'acqua
- ⅓ tazza di lenticchie secche
- 1 pomodoro medio
- ½ tazza di mais fresco o congelato
- 1 cucchiaio di tamari o salsa di soia
- ½ tazza di riso integrale cotto
- Sale e pepe a piacere

Istruzioni

1. Aggiungere l'olio, la cipolla e le carote nella pentola istantanea e far rosolare per 5 minuti.
2. Aggiungere l'acqua, le lenticchie, i pomodori e il mais nella padella.
3. Coprire e fissare il coperchio. Ruotare la leva di rilascio della pressione in posizione di tenuta.

4. Cuocere nella funzione “Manuale” ad alta pressione per 15 minuti.
5. Dopo il segnale acustico, effettuare un rilascio naturale e rimuovere il tappo.
6. Aggiungere il riso cotto, la salsa tamari, sale e pepe.
7. Servitela calda.

Valori nutrizionali per porzione:

Calorie: 239

Carboidrati: 47,4 g

Proteine: 10,1 g

Grasso: 1,5 g

Zucchero: 4,2 g

Sodio: 367 mg